脱会社人

サラリーマンが弁護士を目指した理由《わけ》

福田 直邦・堤 博之 共著
Naokuni Fukuda Hiroyuki Tsutsumi

早稲田経営出版

はしがき

「司法試験」は、数字的に難関だとしても、正しい学習法と合格への強い思いがあれば受かる試験である。本書は、仕事や家族を抱えながら不屈の信念で頑張ってきた二人の元サラリーマン合格者の体験を通じて、受験生の切実な悩みに答え、技術面・精神面にわたり、最新の秘訣を伝えるものである。のみならず、すべての社会人に対し、エールを送るため執筆したものでもある。司法試験受験生か否かを問わず、人生を良くするためにはどう行動すべきなのか、指針となりうるものだと思う。

本書は、二部構成であり、第一部は損害保険会社、第二部は銀行の元サラリーマンの体験記である。二人とも、昭和四十年生まれ、東大法学部卒業、バブル入社組、既婚、平成十一年の受験開始、退職・専業化、三回目の合格というプロフィールは、同じである。

のみならず、受験開始の動機、勉強に対する総論的なものの考え方や、各論的な部分、すなわち、受講した講座、使用したテキスト、講座・テキストの利用方法、利用のタイミング、優先順位、注目した講師など、細部にわたるまで、ほとんど一致していた。

平成十三年の最終合格まで、二人とも、全く面識がなかったことを考えれば、社会人受験生、専業受験生を問わず、技術面で一つのモデルケースを提示できるのではないかと思う。

特に、退職・専業化して、万全を期したはずの二回目の受験は、それぞれ、論文不合格、択一不合格に終わっている。原因については、受験生にありがちな失敗のパターンであり、精神面でも、生活面でも、かなり追い込まれている。時間があっても、「受かるしかない」専業受験生のつらさをここで初めて実感した。が、状況を冷静に見極め、タフに乗り切り、翌年最終合格を果たすことができたのである。「今年こそ受かりたい」という受験生は、最終合格した三回目の勉強方法を参考にして欲しい。

また、精神面も非常に重要である。背水の陣では、人は、その生存本能から冷静な判断をするし、つまらない見栄や外聞を捨てて、真に勝つために必要な行動だけをするようになる。三年も勉強すれば、受験生は皆、最終合格する潜在的な能力を持っている。鍵は、「集中力」と「気迫」である。「集中力」を欠き、「負け」を意識した順番に落ちていく。

後は、自分のミスや失敗の原因と向き合う「素直さ」や「柔軟性」だと思う。これだけは、過去三回の受験から実感したことである。

最後に、社会で奮闘するすべての社会人にもエールを送りたい。第一部の著者は、会社員として順調なコースを歩みながら、真剣に時代の先を読み、第二部の著者は、逆にコースアウトする中で「今に見ておれ」という思いがつのり、「司法試験合格」を目標にすえた。置かれた状況こそ異なるものの、自分や家族の人生を賭けて戦った点では共通している。ぜひ、参考にして欲しい。

もっとも、今の時代の厳しさから逃げたくなる時もあるかも知れない。ただ、そういう人は、次のある歴史家の言葉を思い出して欲しい。「戦うことをいとう者は、それをいとわない者によって征服される」。自分の人生の平和は、勝ち取ることによって得られるものである。覇気のない個人、集団は必ず没落する。

本書を参考にして、一人でも多くの、受験生・社会人が合格・成功を収めるよう祈ってやまない。

平成十四年三月

堤　博之

目　次

第二章　私の受験勉強

第三章　私の受験生活

第四章　私の司法試験観

第二部　堤　博之の場合

第一章　東大出身なんて関係ない！――挫折の連続だったサラリーマン時代

第二章　社会人のための本音の最新短期合格法

第三章　「決め時」でいかに「最高の力」を引き出すか——行動開始と合格までの軌跡

あとがき

第一部　福田直邦の場合

大手損保マンとして十年、筆者はなぜか
司法試験受験を決意、一年後、背水の陣
「脱サラ」で受験に専念する

小学校入学の頃

第一章　司法試験受験の動機

職業がありながら、多くの場合、転職することを前提に国家資格を目指している者を指して「社会人受験生」と言うようである。会社員の身分を持ちながら、弁護士への転身を志して司法試験の受験を決意した私は、社会人受験生であったと言える。「であった」としたのは、後に会社を退職したからである。つまり、合格時点では「専業受験生」であったわけで、私のような者は「脱サラ受験生」と呼ぶべきかもしれない。

「脱サラ受験生」は、受験期間を通じて二つの自問自答を行っているはずである。第一に、なぜ社会人でありながら受験しなければならないのか、第二に、なぜ社会人の身分を捨ててまで受験しなければならないのかである。ここでは、第一の問いに対する私の答えを振り返ってみたい。

〈一〉　なぜ社会人受験生になったのか

一　私の職務経歴

私は、会社員の身分を持ちながら、なぜ司法試験を受験しようとしたのか。その答えの意味をわかってもらうには、会社における私の職務経歴を知ってもらう必要がある。

一九八八年四月、大学を卒業した私は、大手の一角を占める損害保険会社に就職した。当時、この会社では入社後一年間を正式配属前の教育期間と位置付けており、私も、若干の実務を行いながら研修を受けて過ごした。続く二年間は教育研修スタッフとして、逆に、新入社員を教育する側に回った。その後一九九一年四月に大手メーカーを顧客とする営業部署に異動し、企業リスクをヘッジする商品や、従業員の福利厚生のための商品を企画・販売した。一九九四年五月には中央官庁に出向し、多国間条約の邦文化や法令の制定・改正に携わるとともに、政府間会議に出席するなどして法令担当の役割を果たした。二年間の出向を終えて会社に復帰してからは、国際部門に在籍し、海外事業の遂行状況をコンプライアンスや管理会計の観点から監視する業務に携わる一方、私のいた会社が外国損害保険会社の日本支店業務を受託していた関係で、委託会社の業務の実質的な統括責任者として、引受・支払・再保険といった諸々の保険業務から経理・決算、ディスクロージャーに至るまで、およそ損害保険会社に存在するあらゆる業務に関与した。

以上をキーワード的に表現すれば、新入社員研修の後、教育研修業務、営業、官庁出向、国際業務にかかわったことになる。このような社歴に対しては、特定の職種の色が薄いゼネラリストであるという評価を加えることができる。ゼネラリストに対しては、スペシャリストという概念が対置される。語感からすると、「何でも屋」のゼネラリストよりも「専門家」のスペシャリストの方が「優れている」、または「恰好良い」ようにも思われる。たしかに、損害保険会社のような金融サービス業界であっても、豊富な経験に裏打ちされた確かな知識を有するスペシャリストたちの話は、それ自体、非常に面白く専門分野の奥深さを感じさせられることが多い。しかし、ゼネラリストには、同じ仕事に飽きかけたころに、全く知らない職種に移って心機一転するという機会があるし、会社内を転々とすることによって社内ネットワークが広がり、年を経るに連れて仕事がやりやすくなるというメリットもある。それに、生々しい話をすれば、スペシャリストの専門性は専門分野を扱う部署に所属することで初めて生かされるという部分があり、その意味でスペシャリストにとっての昇進ポストは自ずと限定されざるをえない。ポストと報酬がリンクしている多くの日本企業では、高い専門性を有しているスペシャリストが必ずしも高い報酬を得ることにはならないのである。

このように、ゼネラリストに対する私なりの評価は、決してネガティブではない。実際、在籍十二年間にわたってゼネラリスト路線を歩まされてきたことは、会社が私に寄せる期待の現れであると自負していたし、会社員としての経験を積むに連れて仕事上の責任も重くなっていった（もっとも、これは単に人手不足のなせる業で、私の勝手な勘違いかもしれない）。

二　追い込まれる前に討って出る

にもかかわらず、社会人受験生になったのは、矛盾するようだが、スペシャリスト志向からである。

今みてきたように、スペシャリストに対する私なりの評価は、ポストに報酬がリンクするタイプの会社に在籍することを前提とした場合、どちらかと言えばネガティブで、むしろゼネラリストに対して好意的である。しかし「その会社のことを広く知っている」、「その会社の人を多く知っている」というゼネラリストの武器は、一歩会社を出た場合には何の役にも立たない。つまり、スペシャリストが「会社」ではつぶしがきかないのに対し、ゼネラリストは「社会」ではつぶしがきかないのである。

そうすると、次に問題にすべきは「会社」から出て「社会」で勝負する必要があるかどうかである。私は、ゼネラリストとしての成長を期待されていると自負していたのだから、会社から出なければならない事情はなかったはずである。実際、スペシャリストとして「手に職」をつけなければならない喫緊の必要性を感じたことはない。逆に、少なくとも向こう十年間程度はポスト面でも、収入面でも、大きな不満のない道を歩むことができるだろうと考えていた。

このような道を、精神的にも経済的にもある程度満たされたひとつの「幸せな人生」の形ととらえた場合、この「幸せな人生」が「いつまでもつか」ということが、私の中に生じた疑問であった。

ここで、この疑問について書き進める前提として、私の背負うもの、つまり、私の家族について触れておくことにする。私が司法試験の勉強を始めたのは一九九八年十一月であるが、司法試験を受けるかどうかを考え始めたのは、さらに数か月前のことである。当時三十三歳の私には、妻との間に一歳半の子供がいた。私たち三人は、とりたてて不安もなく、平穏でそれなりに幸せな生活を送っていた。一方、同じく三十三歳前後になる会社の同期入社組には、そろそろ家を持つ者が増え始めた。私たち夫婦も生涯借家住まいを続けるつもりはなく、マイホームの夢を持っていた。東京で家を買うとなると、相当の額の収入を相当の期間にわたって上げ続けなければならない。また、子供の教育費にしても、一浪して私立大というところまでは最低でも面倒を見る必要がある。そのころ子供はひとりだったが、仮にもうひとりということになれば必要となる収入の金額は多く、収入を上げるべき期間は長くなる。このように、平穏でそれなりに幸せな生活を送り続けるには一定以上の経済力が欠かせないのが現実である。

私の中に生じた疑問とは、長期的に見て私にこの一定以上の経済力が備わっているかということである。

当時、世間では、大手の銀行や証券会社の破たんが相次いでおり、多くの人が職を失った。そんな中でも再就職が容易だったのは、若年層とスペシャリストだったようである。ゼネラリストが「社会」ではつぶしがきかないことは、事実が裏付けているのである。私のいた会社が破たんするという噂はなかったし、私の知る限りでもそのような徴候は存在しなかった。しかし、損害保険業界にも再編のムードが高まっており「勝ち組」を続けられるとは限らない。また、会社自体は生き残っても、私自身が将来にわたってリストラの対象にならない保障はない。そうすれば、既に若年層とは言えない私は非常に厳しい再就職活動を余儀なくされるのである。

仮に、会社も生き残り、私もリストラ対象にならなかったとしても、避けられないのが定年という制度である。定年後、本当に働けなくなった時に備える資金を残しつつ、その時に住宅ローンが残っていることや子供が独立していないことを想定すると、やはり、働いて収入を得る必要がある。そこで、定年後の再就職先を求めることになるが、高齢者の就職も一般に楽ではない。

このように、私は遅かれ早かれ再就職をしなければならないのである。そして、どうやら再就職の難易は「手に職」があるかどうかで大きく異なるようである。ところが、ゼネラリストとしての道を歩まされ、この先もその道を歩み続けるであろう私には、「会社」を離れて「社会」で通用する「手に職」が見当たらない。いつ再就職するにしても、大変な苦戦を強いられることは目に見えている。ならば、追い込まれる前に討って出よう。これが、私が社会人受験生となった理由である。

〈二〉 なぜ司法試験受験生になったのか

そうだとしても、これだけでは、私が討って出た先が司法試験であったことの理由にはなっていない。

そもそも、司法試験に合格することとは、裁判官、検察官、弁護士のいずれかになる資格を手に入れることである。もっとも、裁判官への進路（いわゆる「任官」）、検察官への進路（いわゆる「任検」）は、いずれも国家公務員としての就職であり、過去の採用実績からして、事実上、年齢による制約がある。この制約にひっかかる私が司法試験の受験生になったということは、弁護士を目指したことになる。

私が弁護士を志望した理由は、いくつかの側面から分析することができる。まず、弁護士といっても千差万別であるが、まともに仕事をしている限り一定以上の収入を期待することができるという経済的側面である。しかも、弁護士には定年制度がなく、体の許す限り仕事を続け収入を上げ続けることができる。

次に、精神的側面に位置づけられるものとして、弁護士というものに対する社会的評価も忘れることができない。職業に貴賤はないのであるが、現実の世間の見方は必ずしもそうではなく、弁護士であることそれ自体が社会的ステータスであることは否定できない。しかも、例えば「一部上場企業の部長」といった会社への帰属を前提としたステータスと異なり、弁護士というステータスは、定年制度が存在しないこともあって通常失われることはない。弁護士は多人数の法律事務所に所属して活動している場合が少なくなく、その場合「何々事務所の弁護士誰々」という肩書きを持つことになるが、その法律事務所をやめたとしても、「弁護士誰々」であることには変わりないのである。

最後に、おそらくこれが最も重要な理由であるが、法律を職業とすることがそれまでの職務経験からして馴染みのあるもので、しかも、司法試験というものが私の手の届くところにありそうに見えたことである。つまり、私には弁護士が勤まりそうに思えたのである。

私は法学部出身であるが、胸を張って言うようなことではないものの、学生時代は必要最小限度を超えて法律にタッチしたことはなかった。ゼミを採ることも、法律系サークルに所属することもなかった。その結果、単位を落とさない程度に試験勉強をすることが私と法律との唯一の接点であった。しかし、会社に入ってみると私のまわりは意外な程に法律の世界であった。

特に、中央官庁に出向した二年間は、法律の執行を担う行政権の行使に関与していたわけで法律を中心に仕事が回っていた。司法試験の試験科目である憲法を勉強する中で目にすることであるが、日本では三権分立のもと、法律を制定する立法権は立法府である国会に、その法律を執行する行政権は行政府である内閣を初めとする行政各部に与えられている。ところが、大半の法律案が内閣提案によるものであり、国会は議決機関と化してしまっているのが現実である。また、法律の中には、具体的事項の規定を行政機関が制定する政令や省令といった下位法令に委ねているものが少なくない。このような状況は「行政国家現象」、「民主主義の危機」などと極めてネガティブに評価されている。私は、関係議員に対する事前説明のために、実際に法律案を持って国会議事堂や議員会館の中を走り回ったことがあるし、自ら省令を作成して世に送り出すことも経験した。法律の勉強をとっつきにくいものにしている理由のひとつに、法律特有の難解な言い回しがあるが、私の場合には、こうした経験から、法律の表現に難解さを感じることはなくなっていた。また、後に感じたことであるが、こういった「行政国家現象」の実体験のおかげで、とかく抽象論でイメージの湧きにくい憲法の勉強が、具体的でわかりやす

中央官庁出向の頃

いものになったように思われる。

出向が明けて会社の国際部門に戻ってからも、売れたか売れていないかが仕事の主要な基準だった営業時代と異なり、仕事のよりどころは法律であった。そのころは、各金融機関が監督官庁である当時の大蔵省の役人に対して過剰な接待を続けていた事実が明るみに出た時期であり、それが一大不祥事として火を吹いていたため、いわゆる「MOF担」活動はなりをひそめていた。それでも、大蔵省や後の金融庁といった行政機関が監督官庁であることに変わりはない。会社の国際事業に関して、監督官庁との交渉接点を勤めていた私には、監督基準である法律や関係する政令、省令を理解し、これを実践することが必要であった。私が習熟していた法律は保険業法という司法試験とは無縁の法律であるが、法律を特殊なものとして意識しない素地はこうして築かれていったのである。

次に、司法試験が私の手の届くところにありそうに見えたという点であるが、これは極めて感覚的な問題で、残念ながら論理的に説明することは不可能である。そこで、当時の私が抱いていた「司法試験観」を紹介することにする。

司法試験は、一般に最難関の国家試験と言われている。実際、二〇〇一年度試験の実績で見ると、受験者に対する合格者の比率は二・九〇%である。これは約三十五人に一人の割合でしか合格できないことを意味しており、たしかに難関ではある。しかし、受験者には大学の法学部生による「記念受験」が含まれていると言われており、正味の合格率はもう少し高いはずである。それに、「難関」とは「不可能」を意味するものではなく、三十五人のうち三十四人までは合格できないものの、一人は現実に合格しているのである。問題はどうやってその一人に入るかであるが、司法試験も試験である以上、大学入試、英検、運転免許など世の中に無数にある試験と同様、その対策が存在するはずである。そして、十分に対策を講じることができた者が合格し、そうでない者が不合格となるのであろうと考えていた。

ところで、司法試験の受験生には受験回数が二桁を数えるような人が少なからず存在する。こういった人を司法試験の受験界では「ベテラン受験生」と呼んでいるが、決して褒め言葉ではない。受験界には合格した者と合格していない者、つまり、合格者と受験生以外の区分はなく、ベテラン受験生も受験生であることに変わりはないからである。

ベテラン受験生は、十分に対策を講じることができた者が合格するという先の論理からすれば若年受験生より先に合格してもよさそうである。しかし、誰にとっても合格までに長期間を要する試験であれば、「ベテラン受験生」などという言葉は誕生しないはずである。受験期間の長短と合格に要する期間の長短とは必ずしもリンクしていないのが現実である。

この現象に対する私なりの説明は、「向いていない」ということである。似たような現象は、運転免許試験でも見られる。学科試験には毎回合格できるのに、実技試験にはなかなか合格できないパターンである。このパターンの特徴は「頭でわかっていることが、体でできない」という点にある。「向いていない」ことを体にさせているため、体がついていてこれないのである。この「不向き」を乗り越えるためには、ついてこれない体がついていてこれるようにじっくりと体に覚えさせる必要がある。つまり、時間がかかるのである。司法試験における「ベテラン受験生」現象もこれと同じだと考えていた。受験生としてベテランである以上、長期間の勉強に支えられて知識は多く、「頭ではわかっている」はずである。それなのに合格できないのは、試験本番でその知識を発揮することができず「体でできない」からである。つまり「向いていない」ことが合格できない理由だと考えていたのである。

もっとも、実際に司法試験の勉強をした現在では、「ベテラン受験生」現象の原因について当時とは異なる理解に立っている。ベテラン受験生は「頭でわかっていることが、体でできない」のではなく、そもそも「頭でわかっていない」と考えるようになったのである。誤解のないように記すが、私はベテラン受験生と呼ばれる人の知能が劣っているなどと言うつもりは全くない。私には受験仲間というものがいなかったのでベテラン受験生と身近に接したことはないが、法律の勉強を長期間続けているのだから、法律の知識に関しては短期合格者が足下にも及ばないほど豊富なものを持っているのであろう。それでも合格できないのは、豊富な知識をもってしてもなお合格に必要な知識を欠いているからである。つまり、身につけるべき知識の方向性が違うのである。それは、司法試験合格というターゲットを考えた場合、「頭でわかっていない」と言わざるをえないのである。「頭でわかっていない」ことを「体でできない」のは当然である。ベテラン受験生には、その知能に問題があるのではなく試験勉強の方法論に問題があるのである。

「ベテラン受験生」現象をどのように説明したとしても、私自身がベテラン受験生にならない保障はない。それなのに司法試験を受験することを決意したのは、ベテラン受験生にはならない自信があったからである。もっとも、この自信には何の根拠もない。強いて挙げるとすれば、これまで大きな挫折もなく、いろいろな競争を乗り越えてきたという体に染みついた感覚であろうか。このような空虚な自信にすがって受験し続けるわけにもいかないので、「受験三回」を見極めの時期とした。同じことを三度失敗するようであれば、私はそれに「向いていない」と考えたのである。

第二章　私の受験勉強

これまで見てきたような経緯で、私が司法試験の受験を決意したのは一九九八年十月も終わろうとする時期、実際に勉強を開始したのは翌十一月のことである。合格したのは二〇〇一年十一月であるから、私の受験期間は丸三年だったことになる。ここでは、私が「難関ではあるが、十分な対策を講じることができれば、受験三回で合格することができる」と考えていた司法試験に対し、どのような対策を採ったのか、受験勉強の中身について振り返ってみたい。

〈一〉司法試験とは

まず、司法試験とは何なのかについて紹介しておくことにする。

既に記したが、司法試験に合格することは、裁判官、検察官、弁護士のいずれかになる資格を手に入れることを意味する。より正確には、司法試験合格は司法修習という国の研修カリキュラムの出願資格であり、一年半の司法修習を終えた後に法曹三者と呼ばれる裁判官、検察官、弁護士として実務法律家になることができる。司法修習は毎年四月に始まるが、司法試験に合格した直後の司法修習を受ける必要はなく、一度合格すればいつでも好きな期の司法修習を受けることができる。

司法試験には一次試験と二次試験があるが、大学を卒業していれば一次試験が免除されるので、二次試験から受験することになる。単に「司法試験」といった場合、この二次試験を意味するのが通常である。二次試験は択一、論文、口述の三段階の試験からなり、五月中旬に択一試験（合格発表は六月初め）、七月下旬に論文試験（合格発表は十月中旬）、十月下旬に口述試験（合格発表は十一月上旬）が行われる。そして、前の段階の試験に合格しなければ次の段階の試験を受験することはできない。口述試験の合格は二次試験の合格、すなわち司法試験の合格を意味するので、「最終合格」と呼ばれるが、結局、最終合格のためには同一年にこの三段階の試験すべてにパスする必要があることになる。もっとも、口述試験に限り受験資格は当年度または前年度の論文試験合格である。つまり、論文試験まで合格すれば、その年の口述試験に不合格となっても翌年の口述試験を受験することができる。

択一試験では、憲法、民法、刑法の三科目について各二十問合計六十問を三時間半で解く五肢択一問題が出題される。論文試験では、憲法、民法、刑法、商法、民事訴訟法、刑事訴訟法の六科目それぞれについて二時間で千五百字から二千字程度の小論文を二通作成する問題が出題される。論文試験の試験日程は二日間であり、各日とも三科目六通の答案を作成することになる。口述試験では、憲法、民法、刑法、民事訴訟法、刑事訴訟法の五科目について各十五分程度の口頭試問が行われる。実際の試験日程では、民法と民事訴訟法は「民事系」として、刑法と刑事訴訟法は「刑事系」としてそれぞれ同一のコマで試験が行われるので、受験生としては計三コマの試験を受けることになる。

いずれの試験についても、試験科目の名称がついている法令のすべてが試験範囲である。もっとも、商法と民事訴訟法については一部分が試験範囲から除外されているが、その反面、商法科目における手形法や、民法科目における借地借家法など、事実上試験範囲に含まれている法令がある。結局、最終合格のためには試験科目である憲法、民法、刑法、商法、民事訴訟法、刑事訴訟法および重要な関連法令についての大量の知識が必要となる。

〈二〉勉強方法〜総論

一　独学か予備校か

この大量の知識を修得する方法としては、法律に関する書物を独力で読み込んでいく独学という方法と、誰かの——具体的には、司法試験予備校の——指導を受ける方法とが考えられる。「独学か予備校か」は、司法試験の勉強を始めるに際し、さしあたり決めなければならないことである。

ところで、司法試験の勉強法のうち合格者が現実に採ったものが「合格法」と呼ばれるが、「合格法」は合格者の数だけ存在すると言われており、唯一絶対のものはない。独学が人それぞれであることは容易に想像できるところであるが、予備校を利用する場合であってもその利用方法はまちまちである。ほとんどすべての勉強が予備校講座の受講という合格者もいれば、予備校を利用するのは模擬試験の受験程度という合格者もいる。いずれにしても、それが「合格法」である以上、そのような勉強法は「正解」だったのである。

こうしてみると、「独学か予備校か」は決定的な問題ではないようにも思われる。しかし、私としては、勉強法の選択に迷いがない人を除いて独学はお勧めしない。司法試験合格の条件は「十分な対策を講じること」であり、勉強法とはその対策の計画にほかならない。そして、誤った計画のもとにいくら対策を講じても「十分な対策を講じること」にはならないから、勉強法の選択は極めて重要である。しかし、完全な独学では勉強法の誤りを是正する機会が年一回の試験本番にしかなく、合格するまで試行錯誤を繰り返していかざるをえない。独学で正しい計画を立てることは至難の業なのである。このことは、合格者の大半が何らかの形で予備校を利用していることに現れている。

では、予備校をどのように利用したらよいのだろうか。残念ながら、この問いに対する明確な答えはない。司法試験の「合格法」には唯一絶対のものは存在しないからである。ただ言えることとは、司法試験予備校とは多くの「合格法」に触れることができる場であり、そのような「合格法」を構成しているパーツ、つまり、各種の講座や模擬試験を受けることができる場であるということである。もっとも、ここで注意すべきことは、ある「合格法」が、他の受験生にとっても合格法になるとは限らないということである。「合格法」が合格者の数だけ存在するのは、受験生の気まぐれからではなく受験生と勉強法には相性があるからである。

結局、受験生としては自分と相性のいい勉強法を模索するほかないが、この点にこそ予備校の利用価値がある。例えば、多くの合格体験記を読んでみて、感覚が合うものがあればその「合格法」をまねするのもひとつの方法である。また、多くの「合格法」に共通する内容があれば、それは多くの受験生にとってメリットとなる可能性が高い。そのようにして実際に講座を受けてみると、理解できない点が出てくるだろう。しかし、それは弱点が発見できたことを意味し、それ自体大きな収穫である。もっとも、理解できない理由が、講師の教え方が悪い、趣味に合わないなど、講座の側にあるのであれば、そんな講座はやめてしまえばよい。金を捨てるのは惜しいが、時間を無駄にするのはもっと惜しい。予備校を利用する勉強法の利点は、年一回しか勉強法の是正機会がない独学とは異なり、いつでも勉強法を修正できる点にあるのである。

私の場合、法学部出身ではあるが学生時代にも試験期間以外は勉強していなかったし、そこで身についた知識も一九八八年三月の卒業以来十年を超える月日の経過によって、すっかりサビついている。そこで、司法試験の勉強を開始するに当たり予備校の門を叩くことに迷いはなかった。そして、Wセミナーの基礎講座のうち、看板講師のひとりである羽広講師のクラスを通信で受講することにした。

数ある司法試験予備校の中からWセミナーを選んだのは「たまたま」というほかない。Wセミナーのほかにも著名な数校の存在を知ってはいたが、他校のパンフレットを取り寄せることすらしなかった。こだわる点には徹底的にこだわるが、こだわらない点には徹底的にこだわらないのが自己分析による私の性格である。この性格が予備校選びにおいても発揮されたのである。このような選び方をした理由を問われれば、「大差ないと思っていたから」と答えることになるだろう。もっとも、パンフレットすら見ていない私にはWセミナーと他校の講座が「大差ない」ものだったかの比較はできない。ただ言えることは、合格した現在においても予備校選びに関する後悔はないということである。

こうして予備校選びは簡単に決着したものの、予備校には多くの講座が存在する。講座の性格にも択一試験対策、論文試験対策の違いがあり、講座のスタイルにしてもただ聴講するだけのもの、演習プラス講義の形式を採るものなど様々である。さらに、対象者によっても、初学者向け、中級者向け、上級者向けの区別がありその種類は無数とも思えるほどである。講座選びでは妙なプライドを持ち出さない方がいい。大学時代に法学部でバリバリに勉強した人も、仕事で法律にどっぷりと浸かっている人も司法試験の受験界では新参者、つまり「初学者」なのである。たしかに、司法試験は実務法律家になるための資格試験であるし、試験問題を作成する考査委員の多くは著名な法律学者である。しかし、司法試験の世界は、法律学と法律実務の両者と重なり合いつつも独自の領域を形成していると考えた方が間違いなさそうである。私は、大して迷うこともなく素直に初学者向けの基礎講座を受講することにした。

基礎講座と言っても複数の講師のものがある。ここでの講座選びにはこだわった。と言っても体験受講まですることも時間が惜しいように感じられ、こだわって比較したのはパンフレットから得られる情報であった。結局、羽広クラスを選択したのは一年で六科目を回すスピード感、そして「わたしの講義は、司法試験『合格』に必要なエッセンスだけである。目指すは『短期合格』のみ」というキャッチコピーから感じられる超合理性が、私の感覚にフィットしたからである。実際、羽広クラスでは毎週日曜日に六時間の講義が行われたのであるが、一年で六科目を実質二回まわすので、一科目を約二十四時間の講義で終えることになり、そのスピード感は予想以上であった。

二　通学か通信か

司法試験の勉強をするに当たり予備校を利用することにした場合には、次に、通学講座にするか通信講座にするかが問題になる。もっとも、時間の制約の大きい社会人受験生にとっては、初めから通学講座の受講が不可能な場合もあるだろう。通信講座は通学講座に劣ると考えている人が少なくないようであるが、通信受験生は不利なのだろうか。また、通学講座か通信講座かの選択の余地がある場合いずれを受講すべきだろうか。これが通学・通信のメリデメ論である。

通信講座が通学講座に劣ると考えられているのは、通信講座では通学講座の持つ緊張感に欠ける点がデメリットと評価されているからであろう。他面、よく言われることであるが、通信講座は講義の媒体がテープである点がメリットであるとされる。つまり、受講時間が自由に設定できる点、繰り返し聞くことができる点は、通学講座に優ると評価されているのである。

はたしてそうであろうか。受講時間の自由設定は、送られてきた講義テープを聞きもせずに山積みにしてしまうリスクと背中合わせであるし、通学講座でも録音すれば繰り返し聞くことは可能である。また、緊張感に欠けるかどうかはテープ山積みリスクの問題と同様、受験生の気持ちの持ち方しだいである。結局、通信講座と通学講座には、にわかに優劣をつけ難いのではないだろうか。つまり、通信講座の講義の媒体がテープである点は動かしようのない事実であるが、それは、メリットでもデメリットでもなく、単に通信講座の特質に過ぎないというのが私の意見である。

結局、「通学か通信か」の問題は「受験生と勉強法との相性」の問題に解消されるのである。受験生としては、勉強に費やすことのできる時間と相談しながら、通学講座でも通信講座でも好きな方を選べばよいのである。ただ、通学講座と通信講座の間に優劣はないのだから、通信受験生は何ら不利な立場に立たされているわけではないし、反面、通信受験生であることを不合格の言い訳にはできないということである。

私の場合、基礎講座は通信で受講したが、その後は通学講座を受講したこともあるし、同時期に開講される複数の講座を、一方は通学で他方は通信で受講したこともある。では、司法試験の勉強を開始して最初の講座であり、一年間という長期にわたって開講される基礎講座について、なぜ私は通信講座を選択したのだろうか。

当時会社員だった私の退社時刻はおおむね十時であり、平日の夕方に設定されている多くの講座を通学で受講することは不可能であった。もっとも、私が受講した基礎講座では通学クラスの講義日が日曜日であり、通って通えないことはなかった。私が通信講座を選んだ最大の理由は、家族との接点をそれまで以上に減らさない点にあった。私の子供は、当時まもなく二歳になろうとしていたが、私は、子供が起きる前に出勤し寝てから帰宅するという毎日であり、平日は全く接触がなかった。子供にとっては、土日ごと一週間ぶりに対面する父親は、ただの「知らないおじさん」に過ぎず、土曜日の朝にはよく泣かれたものである。そこで「父親業も立派な仕事」と勝手に決め、土日を家で過ごすことのできる通信講座を選択したのである。

このような考え方に対しては「受験業」と「父親業」の両立をねらっている時点で既に「甘い」との批判もあるだろう。しかし、そもそも親の都合で生まれた子供に、親の都合で過大な犠牲を強いるのはあまりに酷だというのが私の考えである。

ところで、私は一回分六時間の講義テープを土日に三時間ずつ分割して聞き、残りの時間で択一試験の過去問を解くという、通信講座の選択理由と矛盾する計画を立ててしまう。「立派な仕事」であるはずの「父親業」は、どこかへ消えてしまったのである。

もっとも、私はときどき思い出したように子供を公園や遊園地に連れて行って「父親のふり」をした。当然のように勉強計画は狂った。「大切な仕事」であるはずの「受験業」すら中途半端なものにしてしまったのである。

このように、通信受験生としての私はとても成功したとは言えない。私の考え方はやはり「甘かった」のである。ただ、その「甘さ」は「受験業」と「父親業」の両立をねらった点にあるのではなく、受講時間の自由設定という通信講座の特質を「いつ勉強するか」を自分で決めることができるという意味に理解せず、「勉強するかしないか」を自分で決めることができるという意味に理解した点にあるのである。

もっとも、この失敗は通学講座を受講していたとしても直ちに解決されるわけではない。通学講座では受講時間が決められているため、講義に出席してさえいれば勉強した気になってしまいがちなところに落とし穴がある。講義の冒頭から「早く終わらないかな」と思って漫然と教室に座っていても、時間を浪費しただけで勉強したことにはならない。やはり、通学講座と通信講座の間に優劣はないのである。そして、合否を分けるのは、「どれだけ真剣に勉強したか」である。それは「通学か通信か」とは無縁の問題なのである。

三　基本書か予備校本か

司法試験の受験界では、勉強の柱として用いる書物のことを広義の「基本書」と呼んでおり、広義の「基本書」には狭義の「基本書」と「予備校本」とがある。狭義の「基本書」とは、大学教授などの学者が主として大学の法学部生に読まれることを想定して執筆した書物を指す。他方「予備校本」とは、文字どおり司法試験予備校が自校の講座でテキストとして使用するために作成した書物である。単に「基本書」と言う場合には、狭義の基本書を意味することが多いようである。

司法試験の受験とは、必要な知識をインプットして試験本番でそれをアウトプットする作業である。インプットの媒体としては、書物のほかにもカセット、ビデオ、CD-ROMなど多様なものが考えられる。しかし、現時点において、最も種類が豊富で内容が充実しているものは活字媒体である。したがって、受験生にとって広義の基本書は必須アイテムと言える。

ところで、「独学か予備校か」の問題と「(狭義の)基本書か予備校本か」の問題との間には相関関係はない。たしかに、予備校本は予備校講座での使用を目的とする書物であるが、どの予備校でも狭義の基本書を指定テキストとする講座は多数存在するし、予備校本を勉強の柱に据えて独学することも可能である。

いずれにしても、受験生は、膨大な種類の広義の基本書の中から自分の勉強の柱とするものを選択しなければならない。

なぜ「選択」しなければならないのか。それは簡単なことである。広義の基本書と位置付けられている書物は通常厚く、一冊が五百ページを超えるものも少なくない。このような書物が、標準的な基本書では憲法で二冊、民法で三、四冊、刑法で二冊、商法で二、三冊、民事訴訟法、刑事訴訟法で各一冊ずつ必要になる。各科目ごとに基本書とされる書物をすべて揃えるだけで大変な費用になるし、これだけの分量を持つ書物を全種類読破することはそもそも不可能である。

そこで選択基準が問題になるが、ここでも基本的には「受験生と勉強法との相性」が基準として妥当する。しかし、現実の合格者の間では、予備校選びや講座選択の場面に比べ広義の基本書のばらつきは極めて小さい。その理由をわかってもらうには、司法試験というものについてもう少し詳しく知ってもらう必要がある。

司法試験のベースは法律学である。法律学とは、大雑把に言えば、法律の条文を手がかりに、どのような場合にその条文が適用されるのか、適用されるとどうなるのかを「解釈」という作業を通じて明らかにする学問であり、学者が展開する解釈論が「学説」である。そして、法律学の世界では、同一の条文について、複数の解釈が存在することが珍しくない。この場合、いずれかひとつの解釈のみが正解ということではなく、ただ、学説の対立があるにすぎないとされる。このように学説対立のある事項が、学問上は「争点」と呼ばれ、それが司法試験の試験範囲内である場合には「論点」と呼ばれる。争点や論点における学説の位置付けを示す用語として、「定説」、「通説」、「多数説」、「有力説」、「少数説」といったものがある。これらの用語の意味は、その学説を提唱し支持している学者の権威と人数の相関関係で理解することができる。ある学説の支持者が多人数で、かつ、有力な学者をおおむね網羅していれば、そのような学説は「通説」と呼ばれる。この「通説」に対して異を唱える学説が「少数説」である。「少数説」を主張する者がいないほどに支持が高まれば、そのような学説は「通説」を超えて「定説」と呼ばれることになる。反面、通説的見解に異を唱える者に有力な学者が含まれている場合には、「少数説」ではなく「有力説」と呼ばれ、それに呼応して、通説的見解に対する支持が「通説」と呼べるほど高いものではなくなれば、「多数説」と呼ばれることになる。

次に、法律学の対象である法律は裁判実務で用いられるツールでもある。裁判実務を通じて示された法律に関する裁判所の見解が「判例」である。判例と学説は、対象を同じくする以上相互に影響し合っている。しかし、「判例」が「通説」と同一の見解に立つとは限らないし、逆に「判例」を契機に学問上の争点と化した事項について、「通説」が「判例」に異を唱えることも珍しくない。

司法試験で問われるのは、択一試験、論文試験、口述試験を通じて条文の知識、論点に関する判例、学説の知識である。と言っても、「少数説を知っていますか」という問題は出題されない。「学説を知っていますか」という問題が出題される場合、そこで問われる学説は「定説」か「通説」である。もっとも、論文試験ではどの学説に立って論述しても評価に違いはないと言われている。しかし、択一試験と口述試験のために「通説」を覚え、論文試験のために「少数説」を覚えたのでは非効率であるし、「少数説」についてはわからない点を質問できる相手も少ない。つまり、どの学説を覚えるかについては「相性」で選ぶべきではないのである。

そうなると、基本書選択は一定の制限を受けざるをえない。つまり、少数説に立つ学者の著書は選択肢から除外すべきなのである。こうして残ったのは、有力な学者による狭義の基本書と予備校本である。両者の違いを私なりの感覚をもとに一言で示せば、多少乱暴だが、学者の基本書には「主張」があるのに対し、予備校本には「主張」がなくマニュアル的であるということである。この違いは、ある意味で必然である。学者の書く狭義の基本書では、判例や他の学者の学説を紹介しつつも著者の学説の主張に重きが置かれているのに対し、予備校本では判例や学説の状況を客観的に提示することに主眼が置かれているからである。ここから先は「受験生と勉強法との相性」を基準に選んで構わない。もっとも、初学者にはどれが有力な学者の著書なのかわからないのが通常であるし、仮にわかったとしても自分との「相性」の判断は容易ではない。そこで、再び予備校の登場である。と言っても、予備校本を選べというのではない。講座選びと同じように、合格体験記の中で多くの合格者が基本書としていた書物を選ぶのもよいし、基礎講座の指定テキストをそのまま基本書としてしまうのも「有り」だろう。相談制度を設けている予備校では、それを利用してもよいかもしれない。

次に、どんな書物を基本書とするにしても、購入したままの状態で合格を迎えた合格者はいないはずである。どんな状態になるかは、人それぞれであるが、まず、紙はよれよれになるだろう。それに、線が引かれたり、書き込みがされたり、何かが張りつけられたりすることが多いようである。「本はきれいに読みなさい」と小学生のころに教えられた記憶があるが、基本書は「本」であって「本」でないのである。インプットの媒体である基本書は、書籍としての物理的存在自体には価値がなく、受験生にインプットされる情報の内容やインプット効率といったソフト面のみに価値がある。したがって、基本書の役割をまっとうさせるためには、情報を加え、ときには削り、開いたときにどこを見るべきかわかりやすいように線を引く、などの作業が必要になるのである。そして、紙がよれよれになるのは、そうなるほど繰り返し繰り返し読むことになるからである。

私にとっての広義の基本書は、Wセミナーの「デバイス」シリーズという予備校本である。選択理由はいたって簡単で、それが基礎講座の指定テキストだったからである。どの学者のどの「基本書」を読もうかを考える以前にデバイス全巻が手元に揃っていたのである。そして、私のデバイスがどうなったかであるが、やはり、紙はよれよれになった。そして、無数の線が引かれ、書き込みがなされている。張りつけは趣味に合わなかったのでほとんどしなかったが、その代わり小さな文字でびっしりと書き込みをした。

どこに線を引き、何を書き込み、張りつけるかはひとつの大きな問題であるが、私の場合には、基礎講座の講師の指示のままである。私が受講した基礎講座羽広クラスでは、一年の開講期間内に同一科目を二回ずつまわすのであるが、択一試験のある憲法、民法、刑法の三科目（「憲民刑」と略されたり、「上三科目」と呼ばれたりする）であれば、一回目は択一試験の過去問を素材として関連する論点をデバイスでチェックし、二回目は論文向け重要事項をやはりデバイスでチェックする。択一試験のない商法、民事訴訟法、刑事訴訟法（「商訴」と略されたり、「下三科目」と呼ばれたりする）であれば、一回目は論文試験の過去問を素材として関連する論点をデバイスでチェックし、二回目はその他の重要事項をデバイスでチェックする。デバイスでチェックする事項は論点が中心であるから、チェックの内容にあると考えている。基礎講座羽広クラスの特徴はここでのデバイスの該当箇所には、判例、通説、少数説など複数の見解が紹介されていることが通常である。羽広クラスでは、多くの合格者が本試験において採用した見解が「自説」として紹介される。つまり「合格者多数説に立て」ということである。そうすると、残りの見解は反対説ということになる。しかし、講師が「反対説」として紹介するのは、それが条文の文言解釈上自然である場合や前提論点で採った見解の論理的帰結である場合に限られる。そして、それ以外の見解はデバイス上から削除するよう指示される。つまり「答案上で反対説を反対説として紹介することはない」から学習する必要もないということである。このようにして、私のデバイスには「自説」、「反対説」という文字や削除のための斜線があふれることになった。また、先に記したように、一回目は択一試験を念頭に、二回目は論文試験を念頭に置いたチェックがなされるので、科目終了時点ではデバイス上に「択一」「論文」「論択」といった文字が数多く書き込まれた。その結果、それ以降はそこだけを学習すればよいという合理性を追求した基本書ができあがったのである。

最後に、広義の基本書の「乗り換え」についてであるが、基本書選択が一定の制限のもとでの「受験生と勉強法との相性」の問題である以上、「乗り換え」が否定される理由はない。ただ、乗り換える場合には、本棚の本を増やすことで満足してしまっていないかどうかに注意した方がいい。基本書はどれも堅苦しい本ばかりで、これが本棚に並んでいる姿は、ある意味で壮観である。マンガ本ばかりが並んでいる本棚と、法律書が並んでいる本棚とでは、不思議なことにその部屋の主に対するイメージまで全く異なる。

しかし、自分自身がこの錯覚に陥ってはいけない。基本書はインプットの媒体であって、その物理的存在自体には意味はない。並んでいるだけの基本書には、何の価値もないのである。

私の場合には、結果として広義の基本書を乗り換えることはなかった。学者の執筆による狭義の基本書も読むには読んだが、その時期は、二〇〇一年七月の論文試験が済んでからである。私は二〇〇一年度試験の合格者であるから、少なくとも、論文試験合格に足りる知識のインプットは予備校本であるデバイス一本で賄ったことになる。私のような「予備校本主義」に対しては否定的な意見も多い。その理由を集約してみると、面白くない、体系的理解ができない、論文試験の答案がマニュアル的になる、ということになるようである。たしかに予備校本は「面白くない」。勉強のポイントである論点を紹介し、その点に関する判例や学説の状況を客観的に提示し、特に主張をしない予備校本が読み物として面白いはずがないのである。しかし、基本書を読むという作業は趣味の読書ではないのだから、面白くなくてよいのである。次に、「体系的理解ができない」という批判はおおむね的を射ている。ここで「体系的理解」とは、複数の問題点における結論の論理的整合性のことだと思えばいい。狭義の基本書では、その本全体が一貫した主張のまとまりなのだから体系的理解は得られやすい。他方、予備校本ではそもそも主張がないのだから、その一貫性というものも存在せず体系的理解を得にくいのは事実である。しかし、科目全体の体系的理解が問題になるのは刑法ぐらいであるし、そもそも独学はどんな書物を基本書にしても難しいのだから理解しにくい点は講座などで補充すべきである。結局、この批判も予備校本を否定するほどのインパクトはなさそうである。最後に「マニュアル的になる」とは、予備校システム全体に向けられる批判である。しかし、司法試験の勉強において、試験の合格よりも個性の実現を追求するのでない限り、それで合格するのであればマニュアル的で構わないではないかと私は思う。

私は「予備校本主義」者であったが、望んでそうなったわけではなく予備校本が基礎講座の指定テキストだったからにすぎない。実際、「(狭義の)基本書主義」を否定するつもりはないし、現にそれで合格している者も多いのだから否定されるべきでもない。しかし、私は予備校本から狭義の基本書に乗り換える必要性を感じなかったのであるし、そのような私が現に合格している事実からして、「予備校本主義」も否定されるべきではないだろう。では、今にして感じる予備校本の長所とは何だろうか。それは「網羅的」ということである。司法試験の勉強は条文と論点の勉強であるが、ここでも「マニュアル的になる」と同じ趣旨の批判として「論点主義の弊害」ということが言われる。しかし、論点中心に勉強した受験生が論点をはずれた問題について答えられないとしても、「基本」である論点すら勉強していなければ、論点をはずれた「応用」問題についてはもっと答えられないだろう。この点で、多くの狭義の基本書から論点を拾って紹介している予備校本には「論点落ち」がないのである。他方、狭義の基本書では、一般に論点としてクローズアップされていない事項について詳述するであるとか、ポピュラーな論点であるにもかかわらず記述が薄いといった学者のクセが現れる。メジャーな基本書を用いている受験生が特定の分野の知識を補うために他の書物を読むことは比較的よく行われており、それは「論点落ち」を回避するためなのである。

結局、「基本書か予備校本か」の問題はいずれも一長一短があるため、私は「受験生と勉強法との相性」の問題に解消されると感じている。

〈三〉 勉強方法〜具体論

ここからは、一九九八年十一月から二〇〇一年十一月までの三年間に私が採ってきた具体的な受験対策を時を追って見ていくことにする。

一　初年度

私の司法試験の勉強は、Wセミナー基礎講座羽広クラスを通信で受講したところに始まっている。基礎講座羽広クラスは週一回六時間の講義である。ところが、休日出勤したり、多少なりとも子供との接触を持った上で受講しようとすると、土日の二日間を使って六時間分の講義テープを聞くのが精一杯であった。ただ、テープをもう一度聞く時間はないと考えていたので一回で理解することに努めた。わからない箇所は、その場で巻き戻して繰り返し聞いた。先に記した「自説」「反対説」の表示、削除のための斜線、「択一」「論文」「論択」の区分のほか、デバイスに載っていない事項はどんどん書き込んでいった。また、講師の指示に従い、講義中に六法を参照した条文の条番号にはラインマーカーでマークした。

この時期、基礎講座の進行に併せて一九八二年以降の択一試験の過去問を消化する予定であった。しかし、講義テープを聞くのが精一杯の私に、その余裕はなかった。実際、受講開始直後の十一月十八日には、わずか七問ではあるが択一過去問を解いた記録があるものの、その次の記録は十二月六日の五問、大きく飛んで三月二十三日、二十八日の五問ずつとなっている。

私は、基礎講座の受講期間中に本試験を受験している。つまり、勉強開始からわずか半年後、一九九九年五月九日の択一試験が私の初受験なのである。もちろん、受験当日は合格するつもりで解答した。しかし、三月二十八日の五問以来、五月二日の模擬試験をはさんで択一問題を解くのは試験本番が初めてであった。私は一九八二年以降の問題を三回まわせと言われている択一過去問を、わずか二十二問解いただけの状態で初受験に臨んだのである。結果は不合格、つまり「択一落ち」であった。あまりに当然のこの結果にショックを受けるはずもなく、平日は仕事をし、土日は基礎講座の講義テープを聞くという日々が続いた。合格発表を見た記憶すらない。

ところでこの受験には、論文試験において優先枠が適用される初受験から三年間という期間のカウントを開始させる意味があった。つまり、残り二回で受からなければ優先枠適用からはずれて不利になるのである。この状況に自分を追い込むことによって自分自身に「三年以内」で合格する義務を課したのである。

二　第二年度

〈退職まで〉

基礎講座が終わると具体的な勉強計画を初めて自分で立てることになる。ここで勉強のメインに据えたのは、受験初年度に「企画倒れ」に終わった択一過去問の消化である。何といっても次の本試験までに三回まわさなくてはならない。繰り返しは時間はかかるが、知識の定着には有効である。わずか二十二問しか解いていなかった一九九九年の本試験の後も少しずつではあるが解き進め、基礎講座が終了する一九九九年十月末までには憲法の一回目を終えていた。基礎講座終了後はペースも上がり、十二月上旬までには民法の、年が明けた二〇〇〇年一月半ばまでには刑法の一回目を終え、その後は直ちに二回目に入った。二回目は三月末までに終える予定であったが、三月には、会社の退職準備の関係もあって土日とも出勤という週が続き、憲法と民法を終えるにとどまった。

また、自分の学力レベルを測るため、一月と二月に模擬試験を受験した。成績が悪かったのもさることながら、二回とも時間不足に陥ったのはより大きな問題であった。そもそも七、八割正答すれば合格できる択一試験では、正解できる問題をやり残して正解できない問題で間違うことは、合格ラインぎりぎりの受験生にとっては絶対に避けなければならないことだからである。六十問を三時間半で解くのは、一九九九年五月の本試験以来であったが、当時の私には、六十問形式での問題演習の絶対量が不足していたのである。

この間、通勤時間を利用して読んだ本が「成川式択一六法・憲法編」である。択一突破の特効薬は知識である。択一過去問を三回まわせと言われるのは、単に出題形式に慣れることや時間感覚を身につけることのみにあるのではなく、択一過去問には今後も問われる可能性の高い知識が詰まっているからである。ところが、択一過去問それ自体は勉強のためではなく試験として解かせるために作られたものであるし、予備校などが作成している市販の解説はその一問を解くために作成されているので、知識のインプットの素材としては精製度が低い。その点「成川式択一六法・憲法編」のコンテンツは、条文、定義、趣旨、判例等であるが、定義や趣旨は択一過去問の表現を最大限に取り入れて書かれている。つまり、受験生各自が択一過去問集から抽出すべき事項があらかじめ整理されているのである。実際、択一試験における憲法の成績は一九九九年の九点（成績区分E）が二〇〇〇年には十八点（同A）にまでなったのである。もっとも、私は択一過去問を三回まわしており、これが成績上昇に貢献したことは否定できない。しかし、同様に過去問を三回まわした刑法の成績が、一九九九年の八点（同C）から二〇〇〇年の十二点（同C）に推移するにとどまったことからすれば、憲法の成績上昇はこの本に負うところが大きいであろう。

誤解のないように記すが、「成川式択一六法・憲法編」は択一憲法の知識のインプット素材として非常に高い品質を備えているが、択一過去問三回まわしという作業をこの本で代替することはできない。なぜなら、過去問をまわすということには、出題形式に慣れ時間感覚を身につけるという意味があるし、実際に問題に接して自ら考えて解答するという作業は知識定着の近道であり、かつ、自分が犯しやすいミスのパターンを発見する最良の方法だからである。

〈退職〉

ところで、受験第二年度のど真ん中にあたる二〇〇〇年三月末に私は勤めていた会社を退職している。これを境に、私は「社会人受験生」から「専業受験生」になったのである。そこで「脱サラ受験生」の第二の自問自答「なぜ社会人の身分を捨ててまで受験しなければならないのか」に対する私の答えを振り返ってみる。

基礎講座が終了する一九九九年十月の時点で、択一過去問の消化は、憲民刑各一回の目標にはるかに及ばない憲法のみの一回にとどまっている。このままでは、翌二〇〇〇年の択一合格すら怪しい。ここに至って私は、会社勤めを続けながら長期戦を覚悟するか、会社を離れて短期決戦を挑むかの二者択一を迫られたのである。私は後者を選んだのであるが、その理由は二つある。第一に、一人前になるにはどんな職業、職種でも二年はかかる、そして、四十歳までには一人前になりたい。そうすると、合格後の司法修習一年半にさらに二年を加算して、当時既に三十四歳だった私は、あと二回の受験で合格しなければならないことになる。第二に、私は、司法試験というものには向き不向きがあり、受からない人は何年やっても受からないが受かる人はすぐに受かると考えていた。そして、惨敗した択一初受験から、この試験はまともに勉強すれば合格するという感触を得ていたのである。

〈退職から択一試験まで〉

専業受験生として稼働時間の百%を勉強に振り向けられることは、私にとって大きな喜びであった。しかしその精神的な充実感とはうらはらに、それまでの勉強不足がたたり模試での成績は低迷していた。それでも「専業」受験生である以上、受験、すなわち試験を受けて受かること以外になすべきことはない。「論文を受けたい」と念じ、自分を信じてスケジュールを消化していった。

まずは、退職前からの積み残しである択一過去問の刑法二回目を一週間で消化し、続く十日間で憲民刑のデバイスを見返した。その後、憲民刑の択一過去問三回目を一日一年のペースで六十問方式で実施することにした。その結果、本試験の四日前になってようやく悲願の「択一過去問三回まわし」を達成したのである。これと並行して、手つかずだった論文対策を開始した。具体的には、憲民刑の一九六三年以降の論文過去問を一日四、五問のペースで答案構成するという作業を行った。しかし、本試験の二週間前に受けた模擬試験の結果が、合格推定点三十九点に対して三十四点(D評価)しかなく、本試験直前の一週間は択一試験の勉強に絞ることにした。さらに、一問でも多く問題をつぶしておきたいという不安感から、択一予想答練を通信で受講した。本試験の前々日と前日には、一月、二月に受験した模擬試験を、問題用紙への書き込みを消しゴムで消して、再度解答した。知識の復習という面もあるが、一度解いた問題を解くことで高得点をマークし、勢いをつける意味もあった。

こうして択一問題を解くかたわら、「月刊アーティクル」（早稲田経営出版）に掲載されていた「日めくり学習帳」を三回まわし、また、Wセミナーの全国択一模擬試験の会場で配布される「予想論点・最新判例解説集」を二回まわした。何でもいいから知識を詰め込みたいというところであった。

また、この時期、知識問題が主体の民法における取りこぼしを減らすために「択一式受験六法民法編」（自由国民社）を買って二回まわした。

ところで、先に記したように、私は一月、二月に受験した模擬試験で時間切れの失敗を犯している。そこで、本試験直前に受けた模擬試験を通じて時間配分を確定することにした。事務処理問題の多い刑法にはどうしても時間をとられるので、できれば九十分近くを割り当てたい。他方、経験的に、憲法の全問解答には七十分必要である。そうすると民法には五十分しか残らないが、知識問題が主体の民法には、少なくとも全問検討できるだけの時間を割り当てないともったいない。そこで、正答率の低かった刑法の割り当て時間を減らすこととし、憲法七十分、民法五十五分、刑法八十五分という時間配分を確定した。

こうして迎えた択一本試験では、思いのほか緊張しなかった。会場は、前年にヘリコプター騒音事件に見舞われた慶応三田校舎であったが、同じ事件が起こっても気にならないほどの落ち着きがあった。その上、あらかじめ設定した時間配分が七十分である憲法において全問を五十七分で終えることができ、好調な滑り出しであった。次の民法には一問を残して六十三分を費やしたが、刑法全問を八十七分で終え、最後の三分で残した民法一問を片付けた。それまで、模擬試験でも六十問全問を解答できたことがなく、初めて味わう充実感であった。試験会場を離れ、田町駅へ向かう道を歩きながら妻に電話をかけた。「どうだった」と聞かれ、「何点とれてるかはわからないけど、面白かった」と答えた記憶がある。自分の力を出しきることができ、結果もわからないのに達成感があった。「仮に結果がついてこなくても、悔いはない」と、その時は思った。

しかし、やはり結果は欲しい。その夜、自宅のパソコンからWセミナーのホームページにアクセスし、解答速報をプリントアウトした。合格推定点四十四点に対して、自己採点結果は、模擬試験でもマークしたことのない自己最高の四十八点であった。この試験は、「まともに勉強すれば合格するという感触」が正しかったことを証明するために合格しなければならない試験であった。それだけに四点のマージンは嬉しかった。択一合格はまず間違いないからである。

〈論文試験まで〉

そして、この瞬間から私の頭は論文受験生になっていた。もっとも、それまでに書いた論文は基礎講座の課題であった過去問計二十五問だけで、とても論文受験生の体をなしていなかった。

それでも、専業受験生である私には、試験を受けて受かること以外に目的はなく、そのためにベストを尽くす以外の道はない。一般に、択一試験と論文試験の間は記憶喚起の時期とされるが、この時の私には、そもそも喚起すべき記憶が十分でなかった。しかし、論文試験までの六十六日で勉強方法を模索している暇もなく、択一試験の翌日には、商法・訴訟法速習完成講座を通学で、論文予想答練と予想論点的中講座を通信でそれぞれ申し込むとともに、論文公開模擬試験も受けることにした。商法・訴訟法速習完成講座を受講することにしたのは、択一用の勉強のためにお留守になっていた商法・訴訟法の知識を詰め込むためであるが、最大の要因は、この講座の講師が基礎講座と同一だったことにある。司法試験合格のための勉強には確立された方法論がなく、講師によって言うことがまったく異なることも珍しくない。基礎講座羽広クラスを受講したことによって羽広イズムに染まっていた私は、論文試験まで時間のないこの時期に宗旨替えを迫るような講義を受講したくはなかったのである。論文予想答練は、私にとって実質的に初めての書く練習である。論文試験が書く試験である以上、その練習をしておかなければならない。論文公開模擬試験を受けることにしたのも、その発想の延長である。予想論点的中講座は「当たれば儲け」という程度の気持ちから受講した。

ところで、択一試験の直後、合格発表前に開講される商法・訴訟法速習完成講座では意外な発見があった。この講座を受講したのは、商法・訴訟法の知識を詰め込むためであった。しかし、大量に書き込みがなされたデバイスを見て基礎講座と同じ羽広講師の講義を聞くうちに、存在しないと思っていた商法・訴訟法の記憶がよみがえってきたのである。この期間の自宅での勉強は、講座の復習に徹した。復習に際しては、記憶の定着と試験当日に持参する資料の作成を兼ねて、パソコンのデータベースソフトを使って定義や論点知識をカード化していった。

六月に入ると論文予想答練が開講した。一日二通、四日で一科目のペースで進んでいくのであるが、この四日間で同一科目のデバイスを一回まわした。その際、定着させたい知識はカード化していった。

七月に入り、通信で受講することとし、既に送付されていた予想論点的中講座のテープを聞いた。これを十日間で終えた。

以上と並行して、論文過去問に取り組んだ。と言っても、実際に書いている時間はなく、基礎講座羽広クラスで配布された参考答案があるものは答案構成をし、それがないものは初めから論文過去問集の参考答案、解説を読んだ。一九六三年以降の全四四四問を検討し終えたのは論文本試験の五日前であった。

直前十日間は、自作のカードと択一試験直前にもチェックした「予想論点・最新判例解説集」を読み込んだ。本試験当日には、自作のカードのみを持参して試験会場に向かった。

〈論文試験後〉

こうして、嵐のような六十六日が経ち、本試験の二日間では夢中で十二通の答案を書いた。論文用の勉強を始めてわずか六十六日では、自分なりの論述スタイルを構築できるはずもなく、私に十二通の答案を書かせたのは気力以外の何ものでもなかった。択一試験に合格し、論文試験を受験できたという喜びと、短期間にやるだけのことはやったという満足からくる高揚感は論文試験を終えてもすぐには治まらなかった。高揚感は間もなく「受かったのではないか」という期待に変化した。この期待は何の根拠もないものであったが、口述試験の準備をする動機にはなった。

論文試験後の十日間で答案再現を行い、次の一週間を完全休養とした。休み明けから八月いっぱいかけて、口述対象五科目の口述過去問集を一回まわした。口述過去問集を検討する中で、自分の判例知識に不安を抱き、ここに至って初めて憲法、民法、刑法、刑事訴訟法の「判例百選」（有斐閣）を買った。九月は五科目のデバイスを見返しながら判例百選をつぶし、これと並行して口述特訓講座を受講した。この講座は「論文さえ受かれば、口述は受かる」という感触を与えてくれた。そのせいもあって、合格への期待はますますふくらんだ。十月に入り口述過去問集の二回目を開始した。二回目を七割程度終えた状態で論文発表を迎えることとなった。論文発表まであと三日というあたりから、寝付きが悪くなった。早々と興奮状態に陥っていたのである。しかし、結果は不合格、つまり「論文落ち」であった。

三　第三年度

〈勉強方針〉

ついに、私が自分に課した「三年以内合格」の最終年度を迎えてしまった。初受験での択一落ちは不合格それ自体については当然の結果として受け止めつつも、翌年の択一合格を確信させる何かを私に与えてくれた。そして、受験第二年度の択一合格でその確信は現実のものとなった。しかし、論文落ちは私に翌年合格の確信を与えてはくれなかった。こうすれば論文試験に合格するという何かは、全くつかめなかったのである。では、どうするか。それでも私には勉強することしかない。ただ、絶対に翌年合格するような勉強をしなければならない。

まず、論文対策については、一から出直すのが最も近道と考えた。不合格となった私の論文試験の成績は、民法のB、刑法のDを除いては、科目別、総合ともAであった。惜しかったのである。しかし、Aがとれた科目についても、まともな論文対策の結果とは思えない。択一合格後に受講した論文予想答練が唯一の論文対策であった点では六科目とも同じだからである。つまり、二〇〇〇年度試験における私は突貫工事で売りに出された家のようなもので、穏やかな陽気に包まれた憲法、商訴ではなにごとも起きなかったものの、雨風に見舞われた民法、刑法では造りのもろさを露呈したのである。絶対に合格するには嵐に耐えうる家を建てておかなければならない。そのためには、突貫工事部分を解体して、基礎工事からやり直す必要がある。そこで、とにかく書きまくることにした。具体的には、後期論文講座を受講して八十八通、論文直前期に受講するであろう予想答練、論文公開模試で七十二通の計百六十通に加え、一九六三年から二〇〇〇年までの全過去問四五六問についても答案まで書き、さらに、前年に受講した予想答練、論文公開模試の七十二問を再度解答することにした。以上の六八八通を書く中で、抽象的な表現であるが、論文試験の心をつかみたかった。つまり、記憶された論証を張り合わせた文章を書くのではなく、問題を読んで自分で考えた文章を自分の言葉で書くことができるようになりたかった。それこそが「嵐に耐えうる家」と考えたのである。

ところで、二〇〇〇年試験においては、択一がC、論文がDと刑法が「ひとり負け」の状況である。特に、優先枠が適用される私の場合、論文のDがBであったなら合格していたかもしれないだけに刑法は「お荷物」の感が強い。しかし、決して降ろせない荷物である以上、得意科目とまではいかなくても人並みにはしなければならない。といって、勉強時間の多くを刑法に割り当てて、他の科目が相対的に後退するようでは意味がない。結局、私が刑法のために特別にしたことは本を一冊読んだことだけである。その本は大塚裕史先生の著書「刑法総論の思考方法」（早稲田経営出版）なのであるが、私はこれを後期論文答練の刑法が始まる直前、択一本試験直後、論文本試験直前の三回通読した。この本を読んで、急に目の前が開けたというわけではないが、論点ごとの知識が一本の糸でつながれたという感覚であった（私は結果無価値と行為無価値の立場を設題によって使い分けていたので、「一本の糸」というのがより正確であろう）。ただ、「問題を読んで自分で考えた文章を自分の言葉で書くことができるようになりたかった」私にとって、この感覚は大きな収穫であった。

他方、択一対策については、前年の合格で自分なりの方法論を確立していた。まず、過去問を年度別に六十問形式で解くことである。その効用については既に記したところであるが、知識を確認すること、六十問を三時間半で解くという時間管理の点を含めて出題形式に慣れることである。次に、「月刊アーティクル」の「日めくり学習帳」と全国択一模試の会場で配布される「予想論点・最新判例解説集」をつぶすことである。そのねらいは、過去問に現われていない論点や新しい判例に関する知識を補う点にある。さらに、解説付六法を用いて条文や論点に関する知識を網羅的につぶすことである。

問題は、いつ択一対策を始めるかであった。択一本試験の直前一定期間は、論文対策を停止して択一対策に絞り込む予定であった。そうすると、択一対策の開始を遅らせることができれば、論文対策に充てることのできる期間が長くなり、論文対策を中断する期間が短くなって、一石二鳥である。反面、択一落ちするようなことがあれば、論文対策は無意味になる。この問題の答えは、二〇〇一年一月の模擬試験の際に判明した。この模擬試験には、択一対策を開始する前の裸の実力を測る意味があった。結果は、合格推定点四十四点に対して四十六点であった。しかし、私が注目したのは、択一対策なしに合格推定点を上回ったことではなく、科目別の得点状況であった。四十六点の内訳は、憲法十六点、民法十五点、刑法十五点とバランスがとれている。民法はやはり細かい知識問題で落としているが、刑法は前年の択一以降の勉強により地力がついたようである。

いずれの科目も直前の詰め込みで一、二点上積みすることが可能である。そこで、択一対策に充てる期間をぎりぎりに絞り込んで、開始時期は三月半ばとすることにした。

〈択一対策開始まで〉

こうして、二〇〇〇年の秋から二〇〇一年の春にかけては、自分自身を「論文漬け」にした。具体的には、後期論文講座受講中は、週二回、会場で二通の答案を書き、直後に解説を聞き、翌日は自宅でその復習をした。翌週答案が返ってくるが、その時は眺めるだけにし、さらに翌週、論文講座のフォローアップとして用意されている合格答案完成講座に出席し、前々週に出題された問題の解説、優秀答案の論評を聞いた。翌日は自宅でその復習をした。こうして、一問について、現場で考え、解説を聞き、翌日復習し、翌々週に講義を聞き、その翌日復習をするというパターンを半年間繰り返した。論文講座は範囲指定があるので、当日までに該当箇所のデバイスを必ず見返した。

これと並行して、論文講座の科目進行順に、一科目当たり三週間のペースで過去問をつぶした。この作業は二月中旬までで終わり、その後は、前年に受験した論文予想答練、論文公開模試の全問をつぶした。さらに、過去問の科目進行を一科目先取りして判例百選を読んだ。常に複数の科目に触れることで頭の切り替えのクセをつけるためである。

この間、論文講座、合格答案完成講座の往復では必ず「成川式択一六法・憲法編」「同・民法編」「同・刑法編」を読んでいた。

〈択一試験直前期〉

この「成川式択一六法」の読み込みを進めたことも択一対策のひとつであるが、一月と二月に模擬試験を受験した以外、本格的な択一対策に入ったのは予定どおり三月半ばである。まず、新作問題の雰囲気を見るため憲民刑の「二〇〇一択一問題集」をつぶした。この時期は論文講座と並行しているため、一科目当たり一週間を要した。

その後、四月の第二週からは、一九八二年以降の択一過去問を一日一年のペースで進めた。この期間に解いた択一過去問の正答率は前年同時期の八九・八％に対し、九二・四％であり、はっきり言って不満であった。私は、問題の難易にかかわらず絶対に合格できるレベルとして、本試験正答率の目標を最低でも八五％、できれば九〇％に設定していた。先の過去問正答率が不満だったのは、本試験では過去問の正答率を超えることはできないからである。これと並行して「成川式択一六法」の二回目に入った。

択一過去問を四月いっぱいで終えると、五月に入ってからは、択一予想答練（通信）と前年以前に受験した模擬試験の問題を使って、一日六十問のペースで解き続けた。これと並行して、「月刊アーティクル」の「日めくり学習帳」と全国択一模試の会場で配布される「予想論点・最新判例解説集」の前年分および当年分をつぶしていった。

〈論文試験直前期〉

択一試験をまず不合格はないだろうという結果で終えると、その翌日から、択一合格発表までの間に、六科目のデバイスを一回ずつまわした。知識の仕切直しのつもりであった。デバイスの分量が少ない刑訴では、若干時間の余裕が生まれるので、刑訴についてのみ判例百選をつぶした。これと並行して、「刑法総論の思考方法」の二回目を読み始めた。この本は論文本試験の直前に三回目をこなすことになるが、刑法が足を引っぱった前年の二の轍は踏みたくないという気持ちの現われである。この本の二回目を終えて、「二〇〇〇口述再現問題集」を読んだ。前年度口述試験の論点程度は押さえておこうと考えたのである。

六月に入ると予想答練が始まる。予想答練は一日二通、四日で一科目のペースで進んでいくが、予想答練の科目進行を四日間先取りして一九六三年以降の過去問を潰すことにした。その際、平成の過去問についてはこの四日間に全問答案構成まで行い、昭和の過去問についてては初めから参考答案と解説を読むことにし、四日間で読み切れないものは予想答練終了後に回すことにした。

七月に入って、昭和の過去問つぶしを続けつつ、これまでに受けた答案練習会や模擬試験の復習をした。また、七月初旬には、前年に作成した定義や論点知識のカードをリニューアルした。その際、中味を全面的に見直すとともに一科目あたりのカード数を五十に制限した。この程度でないと、論文本試験の休憩時間内に読み切ることができないからである。

〈論文試験終了後〉

択一試験から論文試験までの間、前年同様に嵐のような六十八日を過ごしたにもかかわらず、前年のような高揚感はなく、論文試験後も受かった気はしていなかった。自分の書いた答案に致命的なミスは発見できていなかったが、それでも合格をイメージすることができなかったのである。精神的ショックを回避したいという人間の自己防衛本能の現われであったのかもしれない。

そうはいっても、論文試験に落ちたと決まるまでは、口述受験生の可能性があり、それに向けた勉強をしなければならない。ただ、前年のように浮き浮きした気分で勉強することはなく、非常に事務的に淡々と教材を読み進めていた。

具体的には、論文試験翌日から答案再現を開始した。しかし、三日間続けたところで疲れが出たので、五日休んで再開し、続く四日間で論文本試験の答案再現を終えた。

その後、六科目の代表的な基本書を買い、読み始めた。この時期に学者の基本書を読んだのには、二つ理由がある。一つは、口述過去問集の中で「あなたは何先生の教科書で勉強したの」と質問された受験生がいたからである。もう一つは、自分が合格者になった場合に、他の合格者が話す「内輪うけ」の話題についていけるようにするためである。いずれも不純な動機と言えるが、ここまで「予備校本主義」で通してきた私にとって勉強のために学者の基本書を読む必要性は感じられなかったのである。ただ、この段階で読む基本書はよく理解できた。基本書とは、基本的知識を持って読むべき本なのかもしれない。

基本書を読み終えるころには、九月も終わろうとしていた。十月に入って、口述過去問集を読み始め、六割方読み終えた時点で論文合格発表を迎えた。

〈口述試験直前期〉

論文発表直前に至っても、前年と異なり、寝付きが悪くなるということは一切なかった。しかし、論文合格発表を見た夜は興奮でほとんど眠れなかった。丸一日経って興奮が冷めてくると、口述試験もまた試験でありこれに受からなければ司法試験の合格者にはなれないという現実が重くのしかかってくる。たしかに、口述試験は九割が合格する試験であり、論文試験に合格した時点で「十中八九」を超える確率で合格者となる地位にいることになる。しかし、誰かが確実に落ちる試験であることも事実なのである。このプレッシャーを完全にはね除けることは無理とあきらめ、ひたすら予定した勉強スケジュールをこなしていこうとした。

論文合格発表の後も口述過去問集を読み続け、口述試験直前の十日間で口述対象五科目のデバイスを一巡させた。この間、これらと並行して自作カードを三回まわした。また、訴訟法については条文を素読した。

口述試験当日は、会場近くのファミリーレストランに集合一時間前に入り、その日に試験が実施される科目の自作カードを読んだ。また、憲法については条文を素読した。

こうして迎えた口述試験は、よく言われるような「二度と受けたくない」ほどつらいものではなかった。むしろ、予想よりは穏やかな雰囲気であった。しかし、学者や実務家である考査委員の投げかける質問に対して余裕をもって答えるなどということは一切できず、一介の論文合格者の持っている法律知識が、学問や実務の世界ではいかに浅薄なものに過ぎないかを思い知らされる試験であった。

第三章　私の受験生活

受験三回目で合格した私は、初年度で択一落ち、受験第二年度で論文落ちを経験しているが、司法試験の受験界の平均からすれば決して受験回数は多い方ではなく、「ベテラン受験生にならない」という予感は当たったことになる。それに、合格のために相当の勉強をしてきてはいるが、受験期間三年間のうち、初めの一年半は土日しか使えない社会人受験生であり、専業受験生の勉強量に換算すれば、おそらく正味二年間程度のものだろう。こうして、ここまで書いてきたものを読み返して、私という受験生を評価してみると、順風満帆とまではいかなくてもかなり順調だったと言えそうである。

しかし、このような評価に対して私自身としては違和感を覚えざるを得ない。その理由は、受験生として私が直面した困難が、受験勉強の側面よりも、むしろ勉強以前の受験生活の側面に集中しているからであろう。

〈一〉暗闇への道

「司法試験の勉強してもいい？」

すべてはここから始まった。一九九八年十月も終わろうとするある日、私が妻に投げかけた言葉であった。

私は、スペシャリスト志向から司法試験の受験を決意したのだった。当時の私は、ゼネラリストとしての仕事人であると同時に夫であり、まもなく二歳になる子供の父でもあった。しかし、受験するかどうかの検証はもっぱら仕事人としての側面から加えられた。つまり、司法試験合格という事業が、技術的に達成可能か否かが、私の頭の中で検討対象とされたことのすべてであった。

もし、現在の私の目の前に当時の私がいるのであれば、こう尋ねてみたい。

子供と一緒に本を読んだり、公園を走り回ったりしているか。

子供に自転車の乗り方やキャッチボールのやり方を教えてあげているか。

こんなことができるのは、子供の成長過程のうち限られた時期だけだということを知っているか。

平日は仕事に追われ土日を勉強に費やしたのでは、この機会を逃しかねないことに気づいているか。

当時の私は、これらの質問にどう答えたであろうか。おそらく「わかってるよ」とでも答えたに違いない。だからこそ一年間の長丁場にわたる基礎講座も通信で受講することにしたのである。しかし、その裏でどれだけわかっていなかったかは、現在の私が一番よく知っている。実際、土日は家にいたのだが、ときどき思い出したように子供を遊びに連れていく以外は部屋にこもって勉強していた。遊んでもらおうと父親のところに行く子供を、「お父さんはお勉強だからやめなさい」と言って妻は止めた。これを繰り返しているうちに、子供は自分から私がいる部屋に入ってくることをしなくなった。私の子供が、二歳にしては不釣り合いな「お勉強」という言葉を早く覚えたのはこのためである。

ところで、勉強開始から六か月後の一九九九年五月、私は択一落ちしている。しかし、この不合格は、私にも妻にも何のショックも与えなかった。がっかりするという精神的ショックは期待の裏返しである。当時の私たちにはかけらほどの合格の期待もなかったのである。

〈二〉 闇の入り口

「会社やめてもいい？」

それは、ある意味で必然であった。一九九九年のまもなく十月になろうとするある日、妻に対する二つ目の質問であった。

当時の所属部署の在籍期間も四年近くになり、異動が見えてきた。部署が変われば、すぐに辞めることも難しいし、新部署がどの程度忙しいところかは見当もつかない。他方、それまでの忙しさにかまけて勉強は思うように進んでいない。

ここにきて私は、仕事を続けながら長期戦を覚悟するか、仕事を辞めて短期決戦を挑むかの選択を迫られたのである。

この二者択一は、私にとっては容易であった。もともと、受験を決意したのは自己啓発のためではなく、法律を職業にするためである。一年でも早く合格して、実務法曹として社会に出ることができなければ意味がない。また、勉強開始から六か月後に受験し不合格となった一九九九年度択一試験の経験から、この試験は自分に向いていると感じていた。それに、少なくとも二、三年はレベルを落とさずに生活できるだけの蓄えもあった。

このことは、私の退職が、勉強と生活の両面を見据えた合理的検討の結果であることを示しているようにも見える。しかし、生活面について検討されているのはもっぱら量的側面のみであり、質的側面には目が向けられていない。

そこで、再び当時の私に尋ねたい。

夫が平日家にいると、妻が子供の友達を家に呼んで遊ぶこともできないのはなぜだかわかるか。

近所の人から、私服のご主人をお見かけするけどお仕事変わられたの、と尋ねられた妻の気持ちが想像できるか。

私立校の受験においては、父親の職業欄に無職と書かれた願書は書類選考ではねられることがあると知っているか。

これらの問いに対する答えを知ったのは、会社を退職したよりも後、かなり先のことだった。世間は特異な環境におかれている者に決して優しくはないのである。にもかかわらず、世間から孤立して生活することはできない。したがって、世間と普通に接して暮らしていこうとする者としては、特異な環境下にあるという事実を隠すか特異な環境から離脱するしかないのである。実際、私は、平日は外から姿を見られないように家の中で身をひそめるように生活した。電話も「居留守番電話」にして出ないようにした。しかし、妻は、先の質問を私に投げかけることすらしなかった。受験勉強以外のすべての困難を自分ひとりで背負おうとしていたのである。

〈三〉暗転

「……」

二人の間で交された言葉は沈黙であった。二〇〇〇年十月十三日、論文合格者の発表日であった。私と妻が見つめるパソコンの画面に映し出された法務省のホームページに、私の番号を見つけることはできなかった。

会社の仕事においても、結果が出せなくても頑張ったのだから悪い評価はされないよと言われることがある。たしかに、結果が出せない者どうしの間では相対的に良い評価を受けるだろう。しかし、結果を出した者との間では歴然とした差があるものである。

結果が出せなかった者は、次の機会に結果を出すほかない。そして、司法試験において結果を出すことができなかった場合、その機会は一年待たなければ与えられない。

そんなことは受験界においては常識である。私は、言葉を発することなく既に翌年の試験を見つめていた。しかし、妻や子供は、受験界に接して暮らしてはいるものの受験界の人間ではない。

ところで、答案練習会や模擬試験の結果に一喜一憂するなということがよく言われる。答案練習会や模擬試験は、その時の実力を一応示すものではあるが、結局大事なのは、合格に必要な実力をつけ、それを本番で発揮できるかどうかだけであるという趣旨である。本試験での不合格も、最終合格した後に振り返って見れば通過点にすぎない。その意味では、答案練習会や模擬試験と変わりない。つまり、不合格を長々と憂いている暇はないのである。

ところが、受験生の妻のように受験界に接して暮らしている者にこの論理は通用しない。彼女たちは、試験結果に対して、関心のみならず重大な関係を有しているにもかかわらず、自分自身では何もできないのである。本試験はもちろんのこと、答案練習会や模擬試験であっても、一喜一憂するなという方が無理な注文である。

妻は、大きな期待を抱いて合格発表を迎えたのである。それは、根拠に裏付けられた期待ではなく辛抱の裏返しとしての期待であった。彼女は一切を請け負ってきたのである。子供と一緒に本を読むことも、公園を走り回ることも。彼女は一切を我慢してきたのである。子供の友達を家に呼んで遊ぶことも、小さな旅行に行くことも。それに、妻にとっては、論文試験の後、私が自信を見せていたこともあって合格の期待が頂点にまで達していたのである。

不合格の発表は、彼女の辛抱が報われなかったことを通告するものであった。そしてこの時、彼女は、この辛抱が報われる保証のないものであることに気付いたのである。その結果が、言葉を失うことだったとしても仕方のないことであろう。しかし、私たち二人にとってより重要なことは、この時まで彼女がどれだけ辛抱しているかを私が知らなかったことである。

この後、些細なことがきっかけで言い争うことが多くなり、家庭崩壊の危機さえ感じた。自分自身の精神はコントロール可能であるし、危機にも対処することができるが、他人の精神のコントロールは不可能である。それに、妻の危機は先行きの見えない不安に起因しているのだから、これに対処するには先行きを見せてあげる必要がある。しかし、私に見せてあげられるのは先行きに向けて努力している姿だけであって、先行きそれ自体を見せてあげることはできないのである。この時期は、妻にとっても、私にとっても、つらい時期であった。

〈四〉　さらなる転機

二〇〇一年十一月九日。その日は司法試験の最終合格者の発表日であった。冷たい雨の降る発表会場の掲示板に、私は私の番号と名前を見つけることができた。私たちの受験生活は終わったのである。

しかし、妻の辛抱が報われたか否か、つまり、価値のある辛抱だったか否かは、私たち二人がこれから先の人生の中で証明していかなければならない。

私は妻に電話をかけ、話した。それは短い言葉であった。しかし、それで十分であった。

「受かったよ」

すべてはここから始まるのである。

第四章　私の司法試験観

おしまいに、司法試験というものに対する現在の私の考え方に触れてしめくくることにする。私の「司法試験観」は、三年間の受験期間を経てどのように変わったのか。三年前の私にとって、司法試験とは「難関ではあるが、向いている人が十分な対策を講じることができれば、受験三回で合格することができる」ものであった。「難関」かどうかは合格率がおおむね三%であるという客観的な事実に基づいており、現在においてもその考え方に変わりはない。「向いている人が合格する」という点については、既に述べたように考え方を変えている。受験回数を重ねている人は、その人自身が司法試験に向いていないのではなく、その人の採っている勉強法が合格に向いていないだけなのである。「十分な対策」の中身については、ある程度イメージをつかむことができた。そして、この三年間で何より変わった点は「合格すればそれでよいのだろうか」という疑問が生じてきた点である。以下では、最後の二点について具体的に見ていきたい。

〈一〉合格のための十分な準備とは

合格のための十分な準備の内容を明らかにすることは、どのような人が司法試験に合格するのかを明らかにすることにほかならない。私なりの結論は「知識のある人」ということである。なぜなら、試験本番で受験生を助けてくれるのは頭の中にある「知識」だけだからである。

ところが、司法試験法という法律には、「知識を有するかどうかの判定に偏することなく、理解力、推理力、判断力等の判定に意を用いなければならない」と書かれている。たしかに、特に最近の出題は、択一、論文、口述どの試験をとってみてもいわゆる「思考力を問う」ものが多い。しかし、択一試験では、問題数と試験時間から逆算すれば一問あたりの解答時間はわずか三分半。論文試験では一問あたり六十分あるが、千五百字以上の文字を書くのに四十分くらいは必要だから、問題文を読んで書くことを決める答案構成の時間にはせいぜい二十分くらいしかかけられない。口述試験では「即答」しなければ、試験そのものが先に進まない。このように「思考力を問う」というよりも「反射神経を問う」といった方がよいような司法試験に合格するには、本来、試験会場で思考すべきことをあらかじめ考えておき、知識として頭の中にストックしておくほかない。結局、私の言っている「知識」とは、法律の条文の言葉を覚えているとか、論点に関する少数説の内容まで覚えているといったものではなく、司法試験の世界で問題となる事項について知り、そして、考えておくということである。

ここで重要なのは、「知識」の量は多ければよいというものではないということである。必要なのは、司法試験の世界で問題となる事項についてのみである。それに、「知識」とは記憶であるが、記憶は必然的に薄れ、失われる。そこで、「知識」の質を維持するための作業が必要になる。この作業、すなわち、勉強に充てることのできる時間の総枠には限界がある。したがって、「知識」の量に多くを振り向ければ、自然と「知識」の質に向けられた勉強時間は少なくなり、頭の中の知識は「広いがあやふや」という使い物にならないものになってしまう。司法試験合格のための準備とは、量と質に向ける勉強のバランスをとり、良質適量の知識を身につけることなのである。

ところで、合格者がよく口にすることに、「論文試験で何を書くべきかよくわからない問題が出題されたので、みんなが書きそうなことを書いた」というセリフがある。択一試験に関しても、似たようなことが言われる。五つの選択肢のうち二つまで絞って、そのうちいずれが正解なのか自信がなければ、みんなが正解と考えそうな方を正解とするというものである。私自身も二〇〇一年度試験ではこれを実践した。だから、合格者はよく言うのである。「迷ったり、わからなかったりしたら、みんなが書きそうなことを書いてください」と。しかし、これは無理な相談である。みんなが書きそうなことがわかっていればとっくに合格している。裏返して言えば、みんなが書きそうなことがわかったときに合格するのである。みんなが書きそうなことがわかるようになったのは、良質適量な知識が身についたからである。

〈二〉 合格すればそれでよいのか

勝負事にあっては、敵に勝つ前に自分に勝たなければならないということがよく言われる。司法試験も、合格者がいて不合格者がいる勝負事であるから、自分に勝たなければならないのである。

私は、この点に自信があった。つまり、自分を律し事態に対処する能力において、自分自身が長けていると考えていたのである。実際、三年間を振り返ってこの考えを修正しなければならない要因は見当たらない。

しかし、勝てばよいのかという点については考えさせられた。仮に、勝負に勝ったとしても、そのために大切なものを犠牲にしたとしたら、そして、その犠牲が取り返しのつかないものであったとしたら、そんな勝ちに意味があるだろうか。

司法試験を受験する動機は人それぞれであろうが、「現状より幸せになりたい」という点では、共通していると考えられる。もっとも、何が「幸せ」かも人それぞれである。私の幸福観を押しつけることは、おせっかい以外の何ものでもない。だから、社会人が受験することは勧めも止めもしないし、社会人受験生が仕事を辞めて受験に専念することについても同様である。受験するか否か、受験に専念するか否かは、他人からやれと言われればやり、やめろと言われればやめるような性質の問題ではないのである。ただ、誰にとっても、精神的、経済的に運命共同体の関係にある他人がいるはずである。それは、親であったり、妻や子供であったり、恋人であったりするだろう。このような特殊な他人のことは、気にせざるをえないし、気にしなければならない。受験という戦いは、勉強の側面では個人戦であっても生活の側面では団体戦なのである。

「家族を幸せにするために勝ちたい」と思っていながら、その過程において家族を犠牲にしてしまうのは、何とも不幸なできごとである。幸い、私は個人戦には勝った。一方、大切な家族に非常につらい思いをさせたことも事実であり、団体戦の勝利は、この先、家族の辛抱が有意義だったと証明できるまでおあずけである。家族と受験を秤にかければ、「失って取り返しのつかないものの方」が重いに決まっている。私の思う司法試験の勝者とは、個人・団体の二冠王なのである。だからこそ、短期合格が必要になるのではないだろうか。

第二部　堤　博之の場合

東大出身のエリート銀行マンの現実は、
挫折の連続だった。その筆者の見いだした
「成功の法則」とは

七五三詣での日に

第一章　東大出身なんて関係ない！

――挫折の連続だったサラリーマン時代

〈一〉はじめに

いきなりこんなタイトルから始まると、少しびっくりされるかもしれない。私の今までの人生経験から言わせてもらえば、これは半分当たっているし半分ハズレである。なぜなら、職業や本人の能力・適性、周囲の価値観によって百八十度変わるからである。ただ、これだけははっきりしている。サラリーマンの業績評価の世界では二百%当たっているのである。かく言う私自身も、東大出身で銀行に就職し、十年近くサラリーマンをやっていた。色々な部署を経験する中で実感したことは、まさに、「東大出身なんて関係ない」のである。テレビの特集や週刊誌の記事を見ても、「東大合格者特集」なるものは、かつてほどおおげさに報道されないし、むしろ「東大の凋落」的なものが増えてきている。世間も、そろそろ分かってきているのである。

ただ、もう一つ気がついたことは、東大出身者の中でも、「トップ数パーセントの成功者」の話とか、「変わり種東大生」「職場の困った東大君」の話とか、両極端の事例が多いことである。この点は、まだまだ「面白おかしく、表面的にしか見ていないな」という感じがする。

しかし、その中間層ともいえる大多数の出身者は、サラリーマンとして、毎日激務に耐えて奮闘している。そして、能力的にも他の同期入社組と差はなく、厳しい業績評価にもまれ、競争している……。これが、私と周囲の同窓生の生活実感なのである。

もちろん、多くは挫折の連続である。それでもあきらめず、成功をつかんで上にいく者もいれば、落伍者もいる。人それぞれに自分の成功を信じて戦っているのである。

かく言う私自身も、ついつい二、三年前まではごくごく平凡な一サラリーマンであった。もともとの「才覚」は「並」で、「社内エリート」とは対極にある「その他大勢」の一人なのである。どちらかと言えば落伍者に近かったような気がする。

そういった男でも、「やればできる」ということを、特にサラリーマンに実感し元気を出してもらいたく、この本を執筆した。

この本は、たまたま「東大出身」「司法試験合格」の体験記であるが、それはあくまで実在の人物による正確な再現をしたかったからである。「等身大」の話を素材とすることによって、「成功するため、人生を良くするためにはどうすればよいか」という

「共通項」のようなものを浮き彫りにしたかったのである。私が、司法試験受験を決意したのも、サラリーマンとしての経験や今の平成大不況が背景にある。自分も微力ながら、この状況を何とかしたいと思っている。私はここで「成功」と言ったが、それは、マネーゲームの世界に象徴されるように「自分だけが金持ちになれればいい、いい生活ができればいい」というようなゆがんだ成功の哲学のことを言っているのではない。自分ばかりでなく、自分を取り巻く周囲の人たちにも元気を出してもらい、良い人生を歩んで欲しい。そして、「やればできる」、そう思いそれを実践する人が、一人でも多く出て欲しい。今はやりの「構造改革」も、個人ベースではそのような「心の構造改革」を求めているのだと思う。

人生は、冷めるのも熱くなるのも自由である。ただ、「今のままでは駄目だ。何とかしたい」と本当に真剣に考えている人には、ぜひ、この本を読んで欲しい。かく言う自分も、あなたと同じその一人だったから。

〈二〉 挫折の連続だったサラリーマン時代

一 「サラリーマン」という選択

まずは、なぜ銀行のサラリーマンからスタートしたか、学生時代までさかのぼって話をすることとしたい。

私は、一九八五（昭和六〇）年に東京大学文科一類に入学し、一九八七（昭和六二）年に法学部に進学した。この法学部の学生は、まず、公務員試験や司法試験受験を考え、「落ちたり、あきらめたりしたら」民間企業に就職するというのが一般的な流れであった。私自身も、一応、その両者の受験を考え、授業には真面目に出席し、「基本書」や「判例集」には目を通し、復習もかねてノートにまとめるぐらいの勉強はしていた。ただ、このやり方はあまりに時間がかかり非効率であった。朝から晩まで図書館にいて、六法の主要な箇所を一通り回すのが精一杯であった。今から思えば、この時点から予備校を利用すれば良かったと思っている。

あっと言う間に二年後の卒業がきて、結局、一九八九（平成元）年銀行に就職した。要するに、いったんはあきらめたのである。当時、一家の大黒柱であった私の父親も定年間近であり、弟も私立高校の三年生で工学部か医学部系の大学への進学を希望していたので、卒業まで六年かかる。同居の祖父母もおり、母がよく面倒を見ていたが、これもなかなか大変であった。夢も大事であるが、現実の生活も大事である。それを考えると、何よりも、当時のバブル景気下における銀行員の高給は魅力であった。だから、銀行のサラリーマンを始めたのは、良く言えば「自分と家族の生活のため」、悪く言えば「金のため」であった。これを正直に言ったら面接で落とされていたと思う。ただ、私は、これが大多数のサラリーマンの本音ではないかと思う。だから、「日本の金融を世界一にしたい」とか、「頭取になるため銀行に入った」とか、大それた野心は全くなかった。むしろ、変な野心は捨てて、普通の社会人に早くなりたかったのである。自分で働いて給料をもらい、自分の家族や彼女に美味しいものを食べさせたり、いい服を買ったり、とにかく生活を良くしたかった。それが、純粋に嬉しかったのである。

ともかくも、銀行の「サラリーマン」という選択は、ある意味では冷静な選択だったと思う。あのままのスタンスで司法試験の勉強を続けても間違いなく長期化していた。銀行という組織に身を置いてこそ、教わったこともある。

ただ、サラリーマンの世界は厳しい。単に、「生活」や「金」のためと割り切る当時の自分のようなものの考え方も、ある意味では下積み時代の厳しさをずる賢く生き抜く力にはなる。しかし、あまりにも「理念」というものがない。自分の、今やっている仕事の社会的意味を考えることも必要である。どんな業種・職業でも、結局は、社会を豊かにできなければ存在意義はない。自分は、この業種・職業でこそ最大の社会貢献ができる、そう思って、与えられた世界を天職と思わなければ、心の底からやる気は出てこないし、そういう人を見て、みんな、ついて行こうとはしないだろう。少なくともその世界では大成しない。当時の私の割り切りや理念のなさは、後々自分の最大の弱点になり、司法試験受験を再開するきっかけにもなったのである。

二　厳しい企業社会の掟

自分の約十年間のサラリーマン生活を振り返ると、客観的には、「挫折の連続」であった。しかし、大事なのは、挫折すること自体ではなく、挫折から何を学ぶかである。そしてどう行動するかである。

たしかに、サラリーマンの世界は独特の厳しさを持っている。理屈も何もない。最終的には、「イヤなら辞めろ」の世界である。企業は、生き残るためには、「商売」していかなければならないし、「セールス」のできない者、「稼げない」者は、本当は要らない。少なくとも、「商売」のために何か役に立つものを持っている者でなければ採用にもならない。これは、いまさら言わなくても分かりきった話だが、個々人ベースで受け入れるのは非常に厳しい現実だと思う。ここを生き抜く生存競争は、大学受験の偏差値競争とは異質であり、特に、東大生をはじめとする「有力大学」の出身者の多くは、優等生であればあるほど挫折感を味わうところではないか。

ただ、企業への入社や、その後のサラリーマン人生で、挫折したとしても、そのこと自体はなんら恥に思うことはない。これは、企業が悪いわけでもなく、本人が悪いわけでもない。単に、その企業の商売にとっては要らない、その業務だったら他にいい仕事をする人がいるという客観的事実があるだけの話であり、企業としても、その経済法則に則った行動をしているにすぎない。本人にとっても、別に「努力」したからといってその点が改善されるわけでもない。「努力」するのは当たり前で、やっぱり、企業の文化や業務それ自体との「相性」「適性」がモノをいう。そのベースがあって、それでも休み返上で必死に「努力」して、その一部が生き残っていく。それでなんぼの世界である。

だから、成功するためには、まず、他人よりも「比較優位」に立つ分野を自分で探さなければならない。それが探せるまで、トライした数だけ、挫折があって当たり前なのである。企業やサラリーマンの生存競争の厳しさは、このように「自ら調べ、自ら考える」ところにある。模範回答や完全解といったものはありえない。与えられた問題にそつなく答えるという「大学受験の優等生」的な仕事のアプローチが通用するのは、目先の日常業務までである。自分で、主体的に道を探さなければ、決して各分野の成功者にはなれない。そして成功者にならないかぎり、後からどんどん小回りの利くイキのいい競争相手が参入してきて、自分の居場所をなくしてしまうだろう。これは、決定的な敗北につながる。

企業社会の掟は本当に厳しい。挫折することの方が多いだろう。しかし、それを不幸なことと考え、泣いている時間はない。人生は一度きりである。挫折をプラス思考で受け止め、自分の道を見いだすことしか選択肢はないと思う。努力しても報われないからといって、何もしないか、何か行動を起こすか。ここで人生の真の勝敗は決する。

社会に出たら、そういう行動を起こせる友達と付き合おう。大学のクラスやサークルのOB、OG飲み会でぐち話ばかり出るような、そんな付き合いはさっさと切った方がいい。そういう意味では出身校ばかりで固まるのも良くない。普段の自分の仕事で、本当にお世話になっている人たちとの付き合いを大事にすべきである。自分の不遇時代に変わらず付き合えた友人こそ真の友人である。それもまた、ビジネスの世界に生きる者のもう一つの掟かもしれない。

三 「サラリーマン」として、かく戦えり

今、私は「企業社会のサラリーマンは厳しい」と書いた。でも、どう厳しいのか、どう戦って自分の道を開いていくのか。具体的な話があれば、なおイメージが沸くと思う。

かく言う私も、銀行に在籍した一九八九年四月から一九九九年一月までの約十年間で、人事採用、国内営業、国際業務、法務、システム、関連会社への出向等、様々な業務を

経験した。本書を読む多くのサラリーマンも、過去に経験があるか、今配属されているか、そのいずれかではないかと思う。まだ、私は年齢も若かったので、配属されたすべての部署でこれを天職と思い、奮闘した。以下、具体的に紹介することとしたい。

・人事採用――ポール・ポジションからのスタート

私が、入社した八九年当時、バブル景気下で就職戦線は超「売り手市場」であった。有力大学の優秀な学生をいかに多く確保するか、大企業はどこも躍起になっていた。その中で人事採用に期待がかかり、いわゆる「リクルーター」なる入社二、三年以内の若手社員は花形であり、新入社員の人気配属先にもなっていた。

私も、かく言う「リクルーター」の一人であり、人事部人事課採用係からサラリーマン生活をスタートした。後で知ったことであるが、希望者が多かったとのことである。はっきり言って、私は不純な動機で入社した。配属希望も「一任します」という感じで、特に目立った「資格」や「特技」もない。ただ、内定者の段階から同期の親睦会にはマメに顔を出し、将来の仕事仲間を大切に付き合っただけの話である。たしかに、「リクルーターにしたら面白そうだ」というような声が同期の間で起ったことも事実である。

しかし、だからと言って、なぜ「自分が」という感想は拭えなかった。ただ、与えられたチャンスは本当に有り難く、夢中になって良い学生を発掘し、片っ端から面接して上司に推薦していった。

ここで実感したのは、「企業にとって必要かどうか」という「プロ」の視点である。百戦錬磨のビジネス戦士の目はごまかせない。自分たち「リクルーター」の推薦した学生たちが、バタバタと撃墜されていく。東大法学部生も例外ではない。人柄も良く、学業成績が優秀な学生でも、「公務員試験や司法試験受験に未練はないか」厳しく尋問され、問題があればその場で切られていく。優秀な学生であればあるほど、それらが第一志望であることが多い。しかし、「企業の収益に貢献できるかどうか」「業務に専念できるか」という視点からは、やはり許されないことなのである。良い学生で、しかも、企業ビジネスの世界に本気で身を投じてくれそうな学生を推薦しなければならない。ただ、そういう学生は少なく、もたもたしているとたいてい他社の内定が出てしまう。ひいては、「後輩ゼロ」という最悪の結果となる。「リクルーター」として、それはあってはならない「汚点」と考えられていた。

こうした厳しい制約条件の下、結果を出さなければならない。ただ、結果は後からついてくるもの。一日一日、学生の一人ひとりと接して、膝をまじえ親身になって話しこんだ。彼ら、彼女たちにとっても、人生を賭けた真剣勝負。自分にとっても真剣勝負である。まさに、「一期一会」を地でいく毎日であった。そして、深夜まで、ひたすら、見込みのある学生に電話をかけ自社の魅力を売り込んだ。とにかく、自分のすべてをぶつけて頑張った。その結果、「東大法学部の後輩ゼロ」という最悪の結果は免れた。他学部もバランス良く採用ができた。他大学も逸材が採れたように思う。全体にはまずまず乗り切れたと思う。

ここでは、後の人生につながる重要な教訓を得たように思う。一つは、「出身校不問の厳しい業績評価」。もう一つは、「収益につながらないこと」への厳しい見方である。前者は、後に司法試験受験開始のきっかけとなり、後者は、それを上司に決して明かさなかった根拠にもなった。

・国内営業——最前線に立つ

次に、配属になったのは、山の手線のターミナルに近い営業店舗である。いわゆる窓口のカウンターである。ここは、とにかく忙しかった。「業績評価」の厳しさはもとよりひたすら「激務」であった。

次々とお客様が来店されるので、テキパキと応対しオンラインで事務処理しなければならない。訳の分からないことを言ったり、ダラダラとさばいたりしていると、たちまちお客様にキレられる。また、ジャンジャン電話もかかって来るのでその応対も迅速にしなければならない。「スピード」こそ命であり、待ったなしの対応を迫られる。そこでは、前線である応対カウンターと後方であるオンラインの事務方、最後方にいる管理職のチームワークが大事である。少なくとも閉店する三時まで、来店が途切れることはない。閉店後には、膨大な事務処理が待っている。それを定時である五時ころまでに終わらせるのが目標である。

ただ、それは、単に早く帰って飲むためではない。支店の本分は「営業」である。本番は、定時を過ぎてから始まる。そちらに十分な労力を割きたいからである。

どうしたら、来店客を増やすことができるか、預金を増やすことができるか、企画を練り上司を説得しなければならない。実績が上がらないときなら、その原因を究明して説明しなければならない。この説明が一番きつかった。変な言い訳をするより、率直にわびて次の手を懸命に探さねばならない。ここでも同僚のチームワークが大事である。

ティッシュを配ったり、ダイレクトメールを出したり、見込み客に勧奨の電話をしたり、とにかくありとあらゆる手を尽くした。そうこうしているうちに次第に実績が上向いてきた。

乗り切る秘訣というのは特にないと思う。ただ、こうした「攻め」の効果を上げるためには、「守り」すなわち平素の「窓口対応」で「ミス」や「トラブル」を防ぐことが大前提である。ここが崩れては、その処理に気を取られ気持ちが前に向かっていかない。

特に、金融商品の難しい専門用語を簡単な日常用語にかみくだき、分かりやすく表現できるように色々と工夫し、窓口対応でも実践した。問われていることに、ダイレクトに答えるクセも付けた。できるだけ大きな声ではっきり話すようにした。法律や税金の問題についても相談を受けることもあり、本部から送られてくる説明パンフのポイントを押さえる勉強会のようなこともやった。これは、窓口対応で効果を上げたと思う。しかし、私は、どうしても「オンラインコンピューター」の「端末」操作が苦手でよく間違えた。色々と改善・工夫を加えたが、最後まで「素早く、正確に」処理することはできなかった。その点、支店営業マンとしての立場は弱かったように思う。

ここでは、客観的に見て、収益に貢献できたかどうか、はっきり言って分からない。

ただ現場を経験したこと自体非常な自信につながった。また、「現場で分かりやすく、ダイレクトに説明する表現力」は、後の司法試験受験にも役立ったように思う。人生、何が役に立つかは分からない。何年か後になって間接的に役立つこともある。私の場合、たまたま「司法試験」であったが、それに限らなくても人生の可能性は広く模索しなければならない。だからこそ、サラリーマンの場合、配属になった職場でそこを天職と思い、全力でぶつかっていくべきである。その結果「適性なし」なら、それはそれで構わない。そこまでやらなければ何も生まれない。二十代の間は、特にそうである。

・国際業務——冷徹な欧米流ビジネスに触れる

次に配属になったのは、ディーリング部門である。国際業務に分類されると思う。時期的には一九九一（平成三）年ころである。当時、日本の銀行は海外市場を席巻し、国際業務は花形の一つであった。社内的にも、優秀な人材、特に、語学や数学、会計学等、特殊技能を持つ先輩たちが多かった。取引相手も日本国内や欧米のビッグビジネスが多かったと思う。

この部署は、ちょっと毛並みが違っていた。冷徹な欧米流ビジネスとじかに触れる最前線でもあり、どろ臭い国内営業とも異なる独特の厳しさがあった。また、優秀な人材が多いだけに、勉強しないまま接するとすぐ弱点が露呈する。明日から口をきいてもらえなくなるような怖さがあり、不適格者はすぐに異動させられた。ここは、案外東大出身が多かった。語学や数学等の専門性が有利になるのだろう。が、しかし、ディーリングは瞬時の判断をしなければついていけない。はっきり言って、コツコツ勉強して東大に入った秀才タイプより、もともと頭の回転が早くたまたま東大にも入ったという天才肌が多かったような気がする。また、配属になったのも一握りであり、各業務の第一人者は指定席化していた。そういう意味では、やはり実力の世界なんだと思う。

私は、外国為替、米国債の取引について勉強した後、いわゆる米国ドルの資金ディーリングや金利の先物取引を担当し、朝七時ごろには出社し夜十一時の終電間際まで夢中になって働いた。ただ、「才覚」はある方とは思わなかったため、あまり冒険はせず慎重な取引を心掛けた。なぜなら、はっきり言って「ばくち」であり、ちょっとした「油断」で、何億もの損失が出るからである。笑い事では済まされない。結果的にもこれが正解であり、数パーセント儲けたところで最後の取引を終えた。現実には、この部門は、過去何世紀にもわたって国際金融に君臨した欧米ビジネスの方が一枚も二枚も上手であり、負けなければ「勝ち」なのである。ただ、職場の雰囲気から、一定の相場観は持つように心掛けた。すなわち、当時、日本経済の方が米国経済よりも相対的に優勢だが、政治的要因で多少米ドルへの揺り戻しがある、といったような見方である。

ここでは、結果が数字に明白に出てしまう点で、最も厳しい部署だったと思う。その中ではそこそこやっていた方ではないかと思う。

私が最も衝撃を受けたのは、そこにいた優秀な同期や先輩たちのことである。単に能力が優秀だったというように止まらず、「欧米ビジネス何するものぞ」という独特のガッツがあった。彼らにとって、このディーリング部門、ひいては日本の金融業を強くすることが「天職」であり、独特の「使命感」のようなものがあった。恐らく、各部門の第一人者になって行くことは間違いない。「語学」や「数学」の能力や「相場観」は、天性のものであり、さらにその上に勉強に勉強を重ね、「金融理論」等の専門分野に磨きをかける。第一人者は、帰宅後も、休日も、メチャクチャ勉強し問題点や疑問点を見いだした上で、月曜の朝一から仕事に取りかかるのである。自信があるから表に出さない。プライドがあるから変な誘惑にも負けない。いつも飄々として仕事している。

これは、明らかに、自分も含めた「並」のサラリーマンとは異なる。単に「食う」ため、「生活」や「金」のために割り切るだけで終わってしまうか、それともそこに何らかの「理念」や「使命感」を見いだすかの違いである。確かに、会社から理不尽な扱いをされたら、彼らのような「プロ」の自覚がある「エリート」の方がより多くのショックを受けるかもしれない。恐らく、おかしくなるか、転職するかのいずれかであろう。一方、割り切って冷めた相手の方が、しぶとく会社に居残るかもしれない。一見、そういう生き方の方が強いように見える。しかし、それではあまりに人生つまらなくはないか。そこそこサラリーマンとして戦ってきたつもりではあるが、優秀な同期や先輩たちを見て、改めて「自分は何のためにこの会社に入ったのか」という問いかけが始まった。その結果、どうしても自分の現在の生き方にあまりいいものは見えて来ない。この先にも、いいものは見えてこない。

折しもそのころ、大学在学中から司法試験にチャレンジしていた同級生たちが続々と受かり始め、新たな人生に踏み出していた。自分には、その道をあきらめ、妥協の産物として銀行に就職したという意識がどこかにあった。あまりいい話ではない。「理念」がないからである。それでは日常業務はそつなくこなせていても、心の底からやる気は出てこないし、ましてや、休日まで「仕事の勉強」をしようなどとは思わない。そういう人も多いと思う。私も二十代の盛りで、休日にはほとんど遊び呆けていた。

しかし、それでは、この先、今の部署にいるような「エリート」との格差は広がる一方であると思い始めた。行き詰まるのは時間の問題である。自分も何か人に負けないものを持ちたい。そういう考え方が沸いてきた。

そのころ、一つのチャンスが舞い込んできた。

・法務部門――起死回生のチャンスに期待

国際法務を担当する部署に異動になった。銀行は海外でも様々な取引を行う。預金等の資金集めはもちろん、貸出、外国為替、先物取引等、色々やっている。

自分は、前に資金ディーリングをやっていたと言ったが、要は、外貨による資金集めと貸出のことである。これを、「コール市場」というマーケットを通じ、外銀や国内大手行を相手にやっていたわけである。私は、金利先物もやったが、それは、今言った資金ディーリングを三か月先とか六か月先の日付で行うのである。外貨取引を担当することで、集める時の金利と、貸し出す時の金利の微妙な金利差を捕え、先々の金利変動のリスクを金利先物でカバーしながら儲けていくといった仕事をした。外国為替ディーリングについても、外国通貨の売り買いの微妙な相場変動を捕えたり、先々の為替相場の変動リスクを為替先物でカバーしたりする点で基本は同じである。さらに、そういった金利取引や為替取引の応用編として「デリバティブ取引」がある。聞いたことのある人もいると思うがこれは専門書に譲りたい。司法試験受験生的に説明すると、同一取引当事者間で、相対立する二つの金銭消費貸借を成立させているにすぎない。民法の「相殺」のイメージである。これに、利息（支払のサイクル、変動金利・固定金利）と通貨（同一通貨・異なる通貨）の様々な条件を、自分がこの先一番儲かると思うパターンで組み合わせて考え、後は、自分と正反対の考え方を持つ者が現れれば取引が成立する。

長々と話をしてきたが、要は、取引金額も大きく相場も大きく変動するし、取引も複雑である。利益も損失も何億の話になる。そういった取引を相場変動のチャンスを捕え、スピード決裁するのだから、後で行き違いが発生することはいくらもある。だから業界で定める、一定の事項を記載した約定書を各一本一本の取引ごとに交わしていた。これも国際法務の仕事である。

しかし、それだけではすべての法的問題をカバーすることはできない。そこで、外国銀行や証券会社等と自分の勤めていた銀行との間で、包括的な契約を締結することになる。例えば、倒産や、それに類する経営悪化の場合等、契約解除の要件、解除の方法や清算金算出方法、訴訟管轄、金利収益にかかる税金の納め方等、きめ細かに取り決める。私は、その締結交渉を担当した。もちろん、英文でびっちり書いてある。

自分は大量の英文を読みこなすのも早く、法律についても、法学部でそれなりに勉強したとの自負があったので自信があった。潜在的には、「比較優位」であり、興味関心が高い業務分野であった。国際取引でも一定のニーズはあるだろう。ひょっとしたら、これが自分の真の意味での「天職」なのかもしれない。そう思い、終電間際までしゃにむに働いた。そして、休日にも、初めて「仕事のための勉強」もした。国際法務の「第一人者」になりたかったのである。

しかし、現実は違った。まず、国際金融の主導権は依然として欧米勢、特に米英にあり、そのルール作りも、ひいては、契約書の言葉ですら英米法の発想がベースになっている。大学で勉強した「民法」「商法」とは別の、もう一個の「民法」「商法」をゼロからやり直さなければならない。さらに、法律は、ただ、自分の家で本を読んでいればできるようになるわけではない。かと言って、そういう外国の法律を実務ベースで教え、仲間どうしでトレーニングするような教育機関も見当たらない。サラリーマンの、にわか勉強では限界がある。その限界が実際の交渉にも現れた。

相手方となる外銀の担当者の肩書きは、「Lawyer」＝ロースクールを出て法曹資格を有する者であり、実務を意識した専門教育をみっちり二年間受けてきている。恐らくその専門技能に給与が支払われる、バリバリの専門職である。文書を交わしていても、電話で話していてもやっぱり違う。

そこで、会社の企業派遣留学でロースクールを出て、米国弁護士資格を取ることを考えた。とにかく、いくら「努力だ」「勉強しろ」と言っても、彼らと同じ土俵に立たなければ話にもならない。無資格のサラリーマンとしてハンディキャップレースを戦うのは、時間を空費するだけだ。欧米のエリートにとっては、そういう者は、単なる馬鹿なのだ。

彼らにとって、日本人とは、几帳面でこまやかかもしれないが、英語で交渉ができない、契約観念に疎い、お人好しなのである。だから、欧米との競争に打ち勝つためにも、英語を駆使し法的な交渉のできる日本人を増やす必要がある。それには、彼らと同じ訓練を積み切磋琢磨する必要がある。このように、初めて、自分の中で一種の「理念」「使命感」のようなものが芽生えた。

そこで、自分にできることは何でもやった。留学生選抜試験の社内テストはＴＯＥＩＣだったので、そのスコアを上げるため企業派遣留学専門の予備校に通った。その効果も上がり、最終的には八四〇～八五〇点ぐらい、海外駐在や社内の留学枠の確保には十分な点数になってきた。また、今の部署の仕事でも、能力はさておき、とにかく懸命に働き、まじめさをアピールした。なぜなら、企業としても業務の必要で派遣するのであるから、ロースクールと一番接点の深い法務業務を離れるべきではないと思ったからである。そのかいあって英語の試験には合格し、上司の推薦で人事との面接も受け、あと一歩のところまできた。このままいけば誰にも負けない「第一人者」への道が開けるチャンスかも知れない。そう思って頑張った。

・システム部――目標喪失・将来への模索と葛藤の時期

しかし、思わぬところからチャンスを失うことになる。時期は一九九三年。不景気となり、不良債権が増え、自分の勤めていた銀行の経営を圧迫し始めていた。収益とは直接関係がない部門への厳しい見方が生まれる一方、不良債権処理や預金集めのために国内業務へのテコ入れが必要となった。当然、国内業務でも収益源でもない「国際法務」

は縮小・合理化の方向にある。収益源として不安定な「ディーリング」もそうである。現に、「第一人者」ですら国内の営業部や支店に異動した。もちろん、私の留学などご破算である。この時期からかなり厳しい人事異動が増え、少なからぬ同僚が外銀や証券会社に転職し始めた。何か、会社側が非常に慌て出しているような雰囲気を肌で感じた。

かく言う私も、この時期、同じ法務でも国内法務を扱う部署、続いてシステム部に異動になった。当時私は、二十八歳から二十九歳。そろそろ真剣に将来のことを考えなければならない。ただ、この時期の悩みは今までと違い、より複雑な葛藤となって現れた。入社時とは情勢が変わってきたのである。

まず、会社の経営・処遇の悪化により、自分が目標としていた「第一人者」の先輩たちの人生がおかしくなってきたのである。結局、転職して社外に流出するので、目標とすべき優秀な人たちが、どんどんいなくなってしまう。転職後の話も、甘くはないらしい。たとえ、「第一人者」であったとしても、転職先にも、生え抜きの「第一人者」がいるからである。あくまで、勤めている会社があっての「第一人者」であり、その限界を知らなければならない。だとすれば、今勤めている会社内で、「第一人者」を目指すという目標設定自体があやしくなってくる。

加えて、同じ業界に五年も勤めてくると、実態もだんだんつかめてくる。当時は、金融機関の不良債権の問題が深刻化し、「金融システムの安定」というお題目が唱えられたが、自分には、単なる問題の先送り、とりあえず皆を安心させるための時間稼ぎにしか思えなかった。今、自分の勤めている会社の仕事が、真に世の中の利益に合致しているかどうかもあやしくなってくる。「危ない会社」にランクインし、「失職」のリスクさえ生じている。

こうなってくると、そもそも何で自分は銀行のサラリーマンを選択したのかという、根本的な問題に立ち返ってくる。当初は、「生活の安定」や「世間体」のため、現実との妥協を図ったところからきている。ただ、それではあまりに情けないので、部署ごとに天職と思って「第一人者」を目指し頑張ってきたし、間違いではなかったと思う。

ただ、今度ばかりは勝手が違う。「第一人者」への道はおろか、「会社倒産」による「失職」のリスクさえ発生するのでは、何のために妥協したのか意味がない。私は、大学生時代の「司法試験」も、本試験を一度も受けないまま不完全燃焼であり、かといって、それに代わる「金融ビジネスマン」としての道も中途半端に終わる可能性がある。いわゆる「司法試験くずれ」に終わることは、避けなければならない。

少なくとも、この先、数年は、「現状を変えない」リスクの方が、「変える」リスクより高まることが予想できた。しかし、会社の同僚を見ても、あまり切実な危機感は感じられなかったし、むしろ、現実逃避的にさえ感じた。率直に言って、この先何十年と定年まで行動を共にすれば、自分の人生はますます悪い方向に向かうという直感がした。この直感は正しかったと思う。特に、銀行業に勤めて実感したことであるが、偏差値的な意味で一流大学卒を揃えることと、会社が強くなることとは全くの別物である。本気で人生を良くしたいと考え行動できる「志」のある者同士で集まらなければ、単なる烏合の衆である。

この時期は、自分の人生の目標を根本から洗い直さねばならないという課題と、周囲との意識のズレをいかに精神的にコントロールするかという課題に直面した。その中で、適切な進路を選択しなければならない。

知らず知らずのうちに私は、今勤めている銀行内でのポジションから気持ちが離れていった。「十年後に社内で頑張っている自分」の姿が想像できないのである。

ただ、現状がダメだからといって、簡単に人生の進路を変える訳にはいかない。現状に反対するには、有力な対案が必要である。自分は、アマチュアとは違う。人生を賭けたプロとして納得の行く進路変更をしたいと、色々と分析し直した。分析するためには、視野が広くなければダメだ。同じ会社の中では、視野が狭くなる。発想の転換を試みた。

とにかく、業界を問わず、色々な人と付き合うようにした。これが本当に面白く刺激的であった。本音ベース・リアルタイムの世の中が見えてきた。時代が大きく動いているのを肌で感じた。今、自分の勤めている会社も、良くて大手と合併、下手すれば引き取り手のないまま、先の見通しがつかない状況だ。外の人と話せば、どうしてもそういう結論になる。自分の人生は、自分で切り開かなければ。しかし、成功のための条件は、いったい何なのか。真剣に考えること自体は楽しくなってきた。

〈三〉なぜ、司法試験の世界に足を踏み入れたか

一　成功の法則を発見――「司法試験」が最有力候補に

このように、私は一九九三（平成五）年から一九九五（平成七）年にかけて、会社の内外を問わず周囲の色々な人たちを分析した。そして、成功の法則を自分なりにまとめあげ将来の道を模索した。

その結果、以下のことが分かった。

①　まず、一に適性である。すなわち、自分が他人より勝っている分野であることが第一歩である。そういう「比較優位」に気が付いたらその適性を証明するため、即、行動すべきだ。

②　次に、興味関心があることである。まさに、好きこそ物の上手なれである。

③　さらに、社会のニーズ、流れと合致することである。

この三つに尽きる。その上でひたすら休日も惜しんで努力する。「努力」は当たり前なのである。それを当然として、分野の選択を間違えるなということである。

では、なぜこの三つなのか。①適性と②興味は当然である。なぜなら、人間の時間と才能には限界があるのだから。広い世の中にはどの分野でも、必ず、適性・興味関心の二拍子が揃ったトップ集団がいる。その集団と競争して優劣を競わなければならない。どちらが欠けていてもハンディキャップレースになる。人生の失敗は、大体、適性もなく興味関心もないまま仕方なくその分野に入り込んできて、強いられた戦いをするところからきている。準備万端の相手とは初めから勝負がついている。だから、できれば、人生の早いステージで強い分野を発見し、スタンバイしなければならない。人生、色々やって挫折するのは、自分の道を見いだすため必要な先行投資なのである。誰にも、必ずそういう道はある。

それから、③社会のニーズ、流れに合致しなければ単なるオタク族である。ありとあらゆる才能や努力は、究極的には社会に貢献し役に立つためにある。そこが欠けては、誰もそんな努力を理解しようとはしない。「僕、優秀」だけでは成功はおぼつかない。

例えば、この法則を当時の自分の勤めていた会社のシステム業務にあてはめて考えてみる。まず、①適性、②興味関心は「いま一つ」である。③社会のニーズ、流れとのつながりも、いま一つ抽象的で「パッとしない」。これじゃ無難にサラリーマンはこなせても、成功者にはなれない。

また、前の「国際法務」にあてはめて考える。①②③三拍子揃っている。しかし、①でいくら「比較優位」であっても、そもそもその適性を現実に証明しなければならない。「国際法務」につけるかどうかは、会社の人事が決めることだし、「第一人者」たる能力を磨くのに必要な「ロースクール」留学も、企業派遣留学の枠内で与えられたものである。たとえ適性があっても、それを証明するための手段が会社に押さえられている。これもいま一つ確実な道ではない。現に、最後はやられた。

そこで、万人に開かれた適性証明手段はないか。「資格」だな。ここでかつての「夢」であった「司法試験」を思いつくのは簡単だった。

「司法試験」から「法曹」へというルートが、自分なりに打ち立てた「成功の法則」に最も近いように思われたのである。

まず、①法曹への適性については、あるかないか本当は分からなかった。しかし、大学時代にそれなりにみっちり基礎的な勉強を積んだとの自負がある。少なくとも銀行で法務の仕事をして、理論面でついていけないことはまずなかった。同級生や先輩たちが数多く司法試験を受験し、予備校で効率的に勉強することによって、少なくとも私の知り合い全員が三十歳までには皆合格している。適性が証明できる確率は高く、その情報に一番近いところにいる。そう思い込んだ。

次に、②興味・関心については、法曹になるための法学部進学だったので当然あった。

最後に、③社会のニーズ、流れに合致するか。これもOKだろう。もともと、法曹を通じた社会正義の実現に興味があった。また、国際法務の経験からも、国際競争に打ち勝つため日本の法曹を強化する必要があり、その一助になりたいという動機もある。この先、法曹に対して世の中的なニーズは高まるだろう。

こうして、私は一九九五（平成七）年の秋には、成功のためのターゲットとして、「司法試験」を視野に入れるようになった。

付け加えておくが、本気で成功を考え、主体的に行動すれば人生は望んだ方向に向かっていく。自然と生活環境も変わり、それなりのオーラがただよって来る。そういう人生を嫌う者は、自分から離れていく。人生を本気で良くしたいという相手だけが周囲に集まるようになる。協力者が現れ、いい情報も集まる。

私の場合、二つの大きな出会いがあった。一つは、現在の「妻」である。もう一つは、「Wセミナー・一年合格システム」である。この二つの出合いがなければ、現実には、私の司法試験・短期合格は無理だったと思う。

二　成功の法則をどう実現するか――最大の問題にどう対処するか

成功の法則のイメージは、①適性と②興味・関心のある者が、自己の適性を証明するため、しゃにむに努力することである。そして、その努力の方向性が③社会的なニーズや流れに合致すれば、必ずいつかは認められ成功を収める、そう信じるのである。成功することによって、自分のいかなる人生の目標を達成したいのか、いかなる社会貢献をしたいのか、その成功後の姿をイメージする。その中で、単なる経済的な安定や成功を超えた一つの「理念」のようなものができ上がってくる。法曹であれば、社会正義の実現など、色々と考えられる。「成功後のイメージ」や「理念」は、強力なモチベーションとなり成功を加速する。よほどの天才でもない限り、努力の過程で何回かは困難につきあたる。その時に、動機が不純では突破できないのである。単に「もうかるから」とか「おいしく人生を生きたいから」という動機では、「おいしくない」困難にぶつかることはできない。

ただ、①適性、②興味、③社会的ニーズ、の三要素が揃っても、その三要素を成功に結び付けるため必要な「努力」ができないならばどうすればいいのか。「努力しようにもできない立場」というのがある。これが一番の問題である。だから、そういう状況、立場に追い込まれないよう、逆から言えば、成功のため必要な「努力」に最大限の時間と労力が割けるような状況を、自分から作り出していかねばならない。

例えば、私は一九九五年秋に「司法試験」の受験を視野に入れながら、実際に行動を起こし、勉強を開始したのは一九九七年秋である。いったい、その二年間何をやっていたのか。考えてみると、「あくまで本業は、会社の仕事であり、それで給料をもらっているんだ。そっちが忙しけりゃ、勉強は後回しになってもしょうがない」という思いで、結局サボっていたのである。

要するに「勉強」できない状況を受け身で放置していたのだ。たしかに、「会社の仕事は本業」それは正論である。だが、それを口実にしてはいつまでたっても合格しない。時間がないなら、自分から勉強時間を作れるよう積極的に動くしかない。普段の仕事は仕事でミスなくこなし、上司とのコミュニケーションを大切にし、逆に帰りたい時に帰れる雰囲気を自分で作り出していくしかない。思い立った時から、すぐ実行すべきであった。自分の人生は、自分でコントロールするという主体性が必要である。さもなければ他者が自分の運命をいいように支配するようになる。

三　どうしても勉強を開始できない時はどうすればいいか

ただ、どうしても、激務続きで、土日もほとんどなく、物理的に勉強時間が取れない状況というのが現実にはある。その場合には何をすればいいのか。「努力」できる状況すなわち勉強時間を取れる状況になった時がくることを想定して、合格へのプランをあらかじめ練っておくことである。サラリーマンの人事異動は、激務の部署と楽な部署を交互に絡めるとも聞く。また、人事労務のチェックも入るので、終電&土日なしの状況はそう長くは続けられないはずである。必ず、勉強できるチャンスは来る。そうなったら、サッと入れるようシミュレーションしておくと良い。こういう「努力」ならできるはずである。

四　どのようにして勉強開始のきっかけをつかんだか

私も、「司法試験」を意識してから勉強を開始するまでの、「空白の二年間」を情報収集とプラン作りにあてた。できることから前向きにやれば実に楽しく「努力」できる。

具体的には、まず、休みの日を利用して予備校に出かけ、掲示板やポスター、ラックにある講座パンフ、ＶＴＲに流れる講師の様子から今の「司法試験」全体の「雰囲気」を何となくつかんで帰った。講座パンフは持ち帰って、サッと全体を流し読みした。また、ある時は、比較的安価な「行政書士」講座をわざわざ申し込み、カセットやビデオテープ貸出、ブース、自習室等、受講生サービスの利用の仕方もチェックした。また、購買部に行き、売れ筋のテキストも確認した。一方で、法学部時代の同級生、特に直近の合格者経由の口コミ情報もマメに仕入れた。

受かる予備校講師、受かるテキスト、受かる受講生のタイプの情報が何としても欲しかったのである。そもそも、「司法試験」受験を考えながら勉強をサボっていたので、それ以外のところでできることは何でもやって当然である。頭が働かない分、足で情報を収集した。

こういう情報収集活動を一九九六（平成八）年五月ごろから一九九七（平成九）年七月ごろまで、週一回のペースで行った。最初は大まかな全体像から始め、次第に具体的な細かいポイントに絞っていった。とにかく、いざ勉強を始める際の段取りを良くし、ドンくさい行動はしたくなかったのである。

その結果、少なくとも、現役大学生や、あるいは自分のような三十代・社会人チャレンジャーにとって最適なのは、大手の中でも高田馬場にある「Wセミナー」らしいということが、浮き彫りになってきた。特に、「基礎講座」と基本テキスト「デバイス」を用い、そつなく勉強する者が一番受かり易いという風評も入ってきた。しかも二年で合格できるシステムがあるという。これは、私の大学時代の司法試験観と大きく異なっており、とにかくチャレンジする価値はあると思った。後は、ツメの講師選びである。最初の講師のスタイルが、受験生活を左右するという。「基礎講座」のパンフレットの各講師欄を徹底的に比較検討した。ここは思いっきりこだわった。妻にも率直な意見を求めた。

結局、大学受験の経験や社会人としての厳しい業務経験から、羽広講師の実戦的勉強スタイルに共感が持てた。講師の人柄も良さそうである。そこで、「基礎講座・羽広クラス」を受講し、二年目以降は、択一や論文のテスト（答練）で実力を高めていこうと思った。ただ、どの講師のクラスを選ぶかは相性の世界であり、各自に合った講師を選んでもらえれば良いと思う。

こうして、自分なりの短期合格プランを一九九七（平成九）年六〜七月にかけて作成し、同年十月から実際に勉強を開始した。目標は、受験二回、二〇〇〇（平成十二）年の最終合格であった。ただ、決して勉強の出来は良いとは言えず、実際には二〇〇一年にズレ込んだ。しかし、プラン自体の方向性は正しかったと思う。なぜなら、最初に選んだ羽広講師の勉強スタイルで最終合格まで貫き通せたからである。また、途中で予備校を変更したり、掛け持ちしたりすることもなく、Wセミナーの講義、テスト、書籍一本で最終合格まで通せたからである。

このように、確かな受験情報に基づき、最適のプランを立案することに、あせらず十分な時間をかけることも一つのやり方である。ここは社会人なら得意なはずである。

サラリーマンの仕事でも、情報を収集して段取りを良くし、最短の納期で結果を出さねばならない。いきなり中身のことを始めるより、綿密なプランニングをした上で、行動した方がムダがなく、かえって早かった。段取りの悪いドン臭い行動を上司は一番嫌った。

司法試験の受験勉強も人生を賭けた「仕事」である。だから、社会人としての仕事の発想と非常に似通ったところがある。

五　最適のプランとは

私は、三回目の受験で最終合格した。一応、「短期合格」の範疇には入る。しかし、途中で、効率の悪いひとりよがりな勉強を開始し、自ら遠回りをして自滅したことがあった。せっかく立てた短期合格のためのプランに逆らうようなことをやってしまったのだ。事実上、「合格のための勉強」をしていたと言えるのは、最初の「基礎講座・羽広クラス」受講の一年間と、最終合格する前の一年間の計二年間である。だから、Wセミナーの「基礎講座」プラス「デバイス」による「二年合格システム」は健在であり、これが最適のプランだと思う。

そこで、次章で、これから司法試験を目指す社会人向けに最新最短の合格法をプランとして提示したい。これは、社会人受験生であった私自身の失敗談からくる、本音ベースである。このプランで実際に合格者を出すことができると個人的には自信を持っている。

第二章

社会人のための
本音の最新短期合格法

〈一〉司法試験は何を問う試験か

司法試験には、択一、論文、口述の三段階があり、この三つをすべて突破すれば合格である。択一、論文は、連チャンで通らねばならない。論文まで通れば口述は九割受かるし、たとえダメでも、もうワンチャンスある。だから、事実上、択一と論文に通ることを考えればいい。

択一は、憲法、民法、刑法の三科目で、知識をはき出す試験である。ここで、論文受験をさせて良いだけの一通りの知識を有しているかどうかのチェックがされる。また、これは同時に論文受験者を絞り込むための「足切り」的性格も持っている。

論文は、憲法、民法、刑法、商法、民事訴訟法、刑事訴訟法の六科目で、知識があることを前提に現場での思考力が問われる。

択一、論文ともに、六人に一人が受かるイメージであり、かつては論文が難しく天王山と言われていた。今でもそういうイメージが根強くある。しかし、これは社会人受験生であった私の「本音」とは大きく異なる。むしろ、「択一」の方こそ「天王山」だと思う。現に、最近の合格者の受験歴を予備校のパンフ等で確認して欲しい。択一三回、論文一回、口述一回とか、同三回、二回、一回とか、同二回、一回、一回とかいうパターンが非常に増えている。一発合格者すらどんどん出てきている。ここから、わかるのは、択一に初めて受かった年か連続合格した翌年に、一気に受かっているのである。逆に、ベテラン勢が不覚を取った話も増えてきている。ここは、私が勉強を開始した平成九年ごろを境に急激に変わってきている。

確かに、科目のボリュームや試験内容からすれば、論文が本番と言っても良い。が、しかし、実際の難易度からすれば択一が急上昇している感がある。これは、もちろん、「司法」が着目されていることや、不況の影響で受験者が急増していることにもよる。他方、論文試験そのものも変わってきているのである。まず、問題文を見ると、知識と比べ、現場思考力の比重が急速に高まってきている。実際の採点でも、長々と法解釈の知識を披露する答案より、それを最小限に押さえながら現場で色々悩んでみせる答案の方に合格点を付けているようである。

司法試験で問われるのは、知識三割、思考七割、科目別配分では、憲民刑七割、商法と両訴訟法で三割、というのが正直な実感である。なぜなら、憲民刑は、択一、論文ともしっかり問われ、択一が難化しているからである。それにひきかえ、商法と訴訟法は、論文以降で問われ、ごくごく基本的出題が多いからである。

まず、五月の択一が天王山であり、そこで憲民刑の知識をはき出す。そして知識をスリムにして七月の論文に臨む。択一のなかった商法と両訴訟法は、ここで、知識をはき出す。最後のツメは論文本試験会場の「現場」での「思考力」である。

「現場思考」に集中できるためには、必要な知識が必要なときに早く正確に出てこなければならない。だから、司法試験に出る知識だけを平素から手元に置き、早く正確に出るよう勉強しておくことに尽きる。これが司法試験に向けた勉強のイメージである。

そのイメージを具体化させてきたのが、私の合格までの勉強法であった。そこから、さらに非効率的な部分を取り除き、バージョン・アップしたのが本音ベースの「最新・最短合格法」である。これによれば、勉強開始後二年プラスマイナス一年で合格できると思う。

〈二〉社会人のための本音の最新・最短合格法

一　一年目で「司法試験に出る知識」の「範囲」を把握

①　まず、Wセミナーの「基礎講座」を受講し、次の授業までの間にテキスト「デバイス」に授業のポイントをまとめ、ひたすら書き込んでいく。講師が読み上げた部分は鉛筆で下線を引いておく。

テープを取って保存しておき、面倒臭くても、一字一句講師の話は聞き漏らさずメモした方がいい。なぜなら、授業の密度が濃く、司法試験合格に最も近い生の声だからである。細かい事を馬鹿にしないのは会社の仕事と同じである。

②　これと並行して、授業でやった範囲の「論文過去問」の答案をデバイスの表現どおりにまとめ直し、添削に出すようにする。過去問集は、Wセミナーで売っているから、その参考答案を改造する形が一番楽である。

③　択一対策用に、「成川式・択一六法」（憲法編、民法編、刑法編）を読む。各科目の一冊の中に、択一合格に必要な情報（条文、学説、判例、択一過去問）が集約されている。

会社勤めの社会人にとってこれが精一杯のはずである。しかし、自分の受験経験から、①②③だけで「司法試験に出る知識」の勉強ができる。知識の幅と深さは十分であり、逆にこれ以上深入りするとかえって合格からは遠ざかってしまう。現に、私自身深入りして、遠ざかってしまった。

この時期は、司法試験の最低限の合格ラインを確実に押さえ、謙虚に教えを請うべきだ。ひとりよがりな勉強をして、変なクセがつかないよう細心の注意を払うべきだと思う。

二　二年目で「司法試験に出る知識」の使い方を学ぶ

択一テスト（答練会）を受ける。これをペースメーカーにして「成川式・択一六法」を読む。また、択一過去問も解く。

これで、一応、戦力にはなる。結局、書き込みのある「デバイス」が択一・論文をカバーし、作成済みの答案が論文を、「成川式・択一六法」が択一をカバーする。これで二重に「司法試験に出る知識」がカバーされる。

これだけやれば、択一本試験には合格し、論文試験に進むことができる。

三　論文直前期は一気に勝負をかける

本番予想として、Ｗセミナー「論文予想答練」を受講し、「論文講座」の過去二年分の問題集を購入し、いずれも問題文と参考答案だけ読んでおく。

私は、司法試験とは知識三割、思考七割と書いた。知識三割とは、「司法試験に出る知識」であり、これは今まで話した。後は択一でそれをはき出し、論文では問題文の注文に合わせ、自在に使いこなす「思考」の訓練が必要である。

しかし、「思考」と言っても、法曹実務家の選抜試験なのだから、その思考回路の流れに乗る必要がある。知識を得る過程のみならず知識を用いる過程でも、ひとりよがりは禁物である。

実は、この訓練は、既に「論文過去問」の検討の過程でやっていることなのだ。すなわち、問題文の問いに答えるためには、どの論点を持ち出し、どう考え、どうつなげ、どう結論付けるかという「思考」の「流れ」を勉強しているのである。司法試験の答案も、そのような「流れ」に従って書くことが求められている。

「論文予想答練」と、「論文講座」の受講の意味は、参考答案の「思考の流れ」に、自分の思考の流れを合わせるところにある。また、過去二年分で、出題予想分野を十分カバーできるのも大きい。私も、本試験会場で出題された十二問を「どこかで出ていたな」と思いながら解いていった。

四　社会人としての「仕事」と位置付ける

司法試験への挑戦を人生を賭け、自分の能力を高め、新たな職業を得るための「仕事」と考えると良い。そう考えれば、普段の仕事の発想やノウハウがどんどん応用でき、合格に近くなる。

「仕事」として位置付けることによって、私は、以下のようなことに気を遣った。ぜひ、参考にして欲しい。短期合格するための行動様式とも言えるものである。

㈠　人の話は素直に聞く。情報には貪欲に接すること。
㈡　好きな勉強をするより、合格に必要な勉強をすること。
㈢　費用対効果を徹底する。過去問で既出の部分および出題予想の部分だけ深く勉強し、それ以外は、穴がないよう全体をサッと見通すくらいにとどめること。趣味で勉強をしない。
㈣　本気で受かろうという気迫を行動につなげること。行動できている者は意外に少ない。その分、逆にチャンスありと考える。

(五) 職業人としての前段階に過ぎないと肝に命じること。ただ、点数が取れたかどうか、合っているかどうかではなく、当事者から依頼を受けた弁護士になったつもりで勉強すること。真剣味が異なってくる。

(六) 志は熱く、行動は冷静に。なぜ、法曹を目指すのか。その「志」の強さが最後は決め手になる。そして、やるべきことだけ淡々とクールにこなすこと。

第三章

「決め時」でいかに「最高の力」を引き出すか

――行動開始と合格までの軌跡

〈一〉 限られた時間と費用の活用方法

・チャンスに備え、着々と準備

私は、成功への道として、司法試験受験を視野に入れ、忙しい仕事の傍ら着々と短期合格プランを練り上げ、そのための情報収集に力を入れたと書いた。そして、実行のチャンスを待った。

同時に一九九七（平成九）年四月ごろ、軽めの勉強から入っていった。会社の経営危機が連日報道され始め、いよいよ悠長なことは言っていられなくなったからである。

具体的には、Wセミナーの条文テープ「カセット六法」を購入し、電車の行き帰りに聴いた。帰宅後は、寝床に「デバイス」を引き寄せ、パラパラと眺め、良くまとまっていることに驚いた。これなら本当にプランどおりいけそうだな、と考えたりしていた。

また、択一の資格試験には、公務員試験以来の苦手意識があったため、「行政書士」や「司法書士」の「民法」の過去問をクイズ感覚で解いたりしていた。当然、よく間違

受験をサポートしてくれた妻と

えるが、条文や常識だけでけっこういける問題もあった。これは、昼休みにやり、結構楽しかった。

司法試験が難関であることは分かっていた。仕事も忙しく泊まり込みの日もあり、机に向かって勉強できる時間はほとんどなかった。しかし、コマ切れの時間をつなぎ合わせれば通勤の往復二時間、昼休みの三十分、就寝前の三十分で計三時間取れ、結構なことができる。目標に向かって少しでも進んでいくこと自体が実に楽しかった。

勉強としては中途半端かもしれない。しかし、小手調べの偵察としての意味はあったと思う。「条文」や「デバイス」中、どこに何が書いてあるかというインフラが頭の中ででき上がってきたからである。現に、「基礎講座」の受講を開始し、勉強を本格化させた一九九七年十月以降、勉強が実にスムーズになった。

このように、机に向かえる時間が皆無でも、できることはいっぱいあり、結構、重要な意味を持つ。人生の時間は無駄にしてはならない。必ず、つなげるチャンスは来る。

・チャンス到来、一気に走るべし

短期合格プランを完成させた一九九七年六月末、私は、三十二歳の誕生日を迎えた。

後はＧＯサインを出すだけである。人生の区切りが付いた気がして、一週間の休みを取り、妻とゆっくり温泉旅行に出かけた。しばらく、こういうのんびりした時間は取れなくなるかもしれないと思ったのである。そういう予感がした。

帰ったらまさにそのとおりだった。破産した関連会社の残務整理のため、出向を命じられたのである。状況を確認すると、土日の休みはちゃんと取れて、平日も定時の五時に帰っているらしい。事情が事情だけに、みんなお互いのことには干渉せずあっさりした雰囲気らしい。だとすれば、まとまった時間がとれる。またとないビッグチャンスである。しかし、残務整理といってもそう長くは続かないから、最短で翌一九九八（平成十）年四月ぐらいまでかな。だとすれば最大限有効に使おう。まことに不届き千万な考え方であるが、これが自分に与えられた状況である。黙って見過ごす手はない。

すかさず、十月から始まる「基礎講座」羽広クラスを申し込んだ。それまでの三か月は、「条文テープ」を聴き、授業で使う「デバイス」を大ざっぱに予習した。「書士」の「問題集」は止めにし、「司法試験」に的を絞って臨戦態勢をしいた。以後、四年間の戦いに突入することになる。勉強方法は、先の「社会人のための最新短期合格法」の通りである。安心して欲しい。すでに、私自身が実践して合格している方法だから。むしろ、私より短期で合格できるかもしれない。「成川式・択一六法」の出現により、効率的な択一対策ができるからである。私の場合、この本が出る前は本当に択一対策に苦しんだものだった。

この生活は、ほぼ予想どおり一九九八(平成十)年五月ぐらいまで続くことになる。その間、「羽広クラス」は憲法、民法、刑法を終了した。私は毎日定時に帰って安定的に時間を確保し、授業の復習、「デバイス」への書き込み、「論文過去問」の答案作成・添削提出、「択一過去問」の検討ができたので、ほぼ、全部の消化ができた。

六月以降は、また、本店の忙しい部署に戻ったので、その前の半年ばかりの時期をとらえ、「司法試験」の七割を占める「憲民刑」を一気に制圧したことになる。この戦略的意味は大きかった。今から思えば自分の短期合格への流れを作った時期と言える。

また、このクラスでは、「論文過去問」の定期テストがある。この時期十分な準備をして臨んだので、一応、毎回合格点・成績優秀者に載った。その他の過去問も添削に出して合格点が取れることを確認できた。本当にいけそうな自信がわいてきた。

ただ、このようなことを言うと「恵まれてるな」と思われるかもしれない。違う。手痛い代償を払っている。会社の倒産は時間の問題と思った。この出向だって、あまり良いことではない。時間は取れる、成績は良いと言っても、別に、司法試験の勉強それ自体でメシが食えるわけではないし、結果を出さなければしようがない。もう一つ、私の人生の最大の師匠であり、恩人とも言える父親が他界した。私は、与えられた状況を前向きにとらえ、最善を尽くしたに過ぎない。

こういう劣勢のときこそ、先々を冷静に見極め、したたかに戦略を練り生き延びる。反撃のチャンスを待ちつつ、力を温存すべきである。

それから、サラリーマンは、時間が取れる時期に一気に詰め寄り勉強すべきだと思う。今の部署がその点で恵まれているなら、異動するまでに勝負を付けるつもりでやる。二度とこんなチャンスはこないかもしれない。現に、私もそうだった。この時期の勉強量は少なくとも二～三年、合格を早める。

・時間との戦い

一九九八（平成十）年六月に、本店に戻り、また、仕事が忙しくなった。勉強時間もあまり取れない。ただ、「羽広クラス」の方は、商法以下に進んでいた。商法以下は「択一」がない分楽である。また、「参考答案集」が配られ、過去問もかなりの部分がカバーされていたため、いざとなればそれに乗っかってもいい。

憲民刑についても、優れた「参考答案集」が配られていたが、こちらの方は、極力自分で答案を書いて、添削に出した。なぜなら、憲民刑のときは答案のスタイルを早期に確立したかったのと、時間があったからである。これに対して、今度は局面が違う。自分の答案スタイルもできてきたし、時間もあまりない。

そこで、柔軟に対処し、「参考答案集」にカバーされていない部分の過去問の答案だけ自分で書き、添削に出した。

後は、授業の復習、「デバイス」への書き込みだけを考えればいい。

こうして、「憲民刑」のときと比較し、平日の勉強時間が四分の一程度にダウンしたが、勉強の手間も三分の一程度に軽減したので、大して打撃ではなかった。

結局、一九九八年十月の「羽広クラス」終了前に、授業の復習、「デバイス」への情報集約、「論文過去問」の「答案集」作成、「択一過去問」検討のほとんどすべてを終えた。一年を通じた成績優秀者にも選ばれ自信も付けたが、それでも手を緩めなかった。

「羽広クラス」を再受講し、もう一回、「司法試験に出る知識」を徹底的に固めにかかった。

この時期の私はひたすらハングリーであった。なぜなら、前にも話したとおり、会社の倒産は時間の問題で翌一九九九（平成十一）年三月決算は乗り切れないとの読みがあったからである。そこで、倒産前に、「司法試験に出る知識」を押さえ、フリーハンドを得る戦略を取った。そうすれば、とりあえず、本試験を戦える戦力にはなる。そして一九九八年十月にはスタンバイした。この目標はクリアした。勝算が出てきた。

・退職時期の模索

そして一九九八年十月には、退職時期を密かに検討した。ここまで腹をくくったら、後は、蓄えた戦力をもとに戦うのみである。

もし、会社が存続すればそれはそれでいい。予定通り一九九九年五月の択一を受験し、突破できれば六月に勤続十年の休暇を取り、七月の論文本試験に臨もう。そのでき栄えと会社の経営次第では退職も考える。

万が一、会社が倒産すれば、即、退職して一九九九年五月の択一に万全を期す。突破できれば当然七月の論文本試験に全力を期す。突破できなければ六月の論文講座から受講し、目標である二〇〇〇年の最終合格に万全を期そう。

実際には、悩みはすぐ解消した。一九九八（平成十）年十二月十一日（金）夕刻、会社倒産のニュースが飛び込んできた。自分の結論は決まっていた。家族の結論も全会一致だった。後は、「司法試験」に全力を尽くすのみ。淡々と残務をこなし、翌一九九九（平成十一）年一月末付けで退職した。ここで、サラリーマンと受験生の二足のわらじを終えることになる。

・専業受験生として

かくして一九九九（平成十一）年二月、専業受験生としての生活が始まった。最初は自分の自由な時間が一気に手に入り、その解放感が本当に嬉しかった。たしかに、その時間的メリットをうまく生かせば、この年、一気に受かったかもしれない。が、しかし、実際にはそうならなかった。あと一歩のところで択一不合格を喫した。加えてその不合格の原因を誤った方向に解釈し、「司法試験に出る知識」とは関係の薄いところばかり強化した結果、翌二〇〇〇（平成十二）年五月、再度の択一不合格を喫するのである。

時間があり過ぎて油断したのである。唯一、「司法試験に出る知識」を強化したといえるのは、サラリーマン時代から通い続けた週一回、日曜日の「羽広クラス」と、その復習も兼ねた受験仲間との「勉強会」ぐらいなのである。自分の「短期合格プラン」では、「二年目」にあたる部分だったが、完全に踏み外していたのである。せっかく退職前に「司法試験に出る知識」を固めていたのに、それを反復して使いこなす訓練ができていなかったのである。シビアな言い方をすれば、計画した事を実行できないアマチュア受験生。専業化してからの一年は、会社を辞めたメリットを全く生かしていなかったのである。

この原因はいくつかあった。

① 専業化した場合、「基本書」や「判例百選」の検討も有効だが、それらの読み方を誤り、大量の時間を空費し、かえって、一年目に固めたはずの知識・理解が緩んでいたこと。

② このころから、不況の影響等で受験者が急増し、択一試験のハードルが高くなりつつあることへの認識が足りなかったこと。

③ 情報戦との認識が甘く、答練や講座の取得姿勢が消極的だったこと。

が挙げられる。

要は、「潜在的」には実力が上がっているはずなのに、漫然とした勉強方法から、得点力には結び付いていない。「顕在的」な能力発揮がなされていないイメージである。とりわけ、ビジネスの現場を離れた結果、時間的な制約の下で必死に勉強したあの時期の緊張感やしたたかさが全く失われていたのである。

とにかく、択一二連敗は痛い。二〇〇〇（平成十二）年六月、徹底的に自分の取組み姿勢を洗い直し、「短期合格プラン」への軌道修正を行った。答練を論文択一とも通年で受講し、これをペースメーカーに「デバイス」「成川式・択一六法」を徹底的に読み込んだ。「基本書」や「判例百選」については、基本書読解用の講座を受講し、読み方のコツを教わることで、勉強効率が格段に向上した。直前期には、ガイダンス、予想答練、予想論点の解説講座、単科目のオプション講座を片っ端から受講し、徹底的な情報収集を行った。とにかく正しい勉強方法に回帰したことが、まず、答練の結果に現れ、それを励みに二〇〇一（平成十三）年択一、論文、口述と一気に合格できた。四年越しの戦いに勝つことができた。

ここでは、私の体験から導き出した重要なことを言いたい。「社会人のための最新短期合格法」は、勉強開始当初と最終合格した時期の勉強法を組み合わせ、択一二連敗の痛い教訓を盛り込んだ勉強法である。次に述べる時間と費用との関係、時間活用術、本番での実力発揮法とぜひ組み合わせ、最強のノウハウを各自で編み出して欲しい。

・時間と費用の関係

私は、司法試験は知識三割・思考七割と話した。各科目ともそのような割合だと思う。あとは、知識面の学習に専念して、その成果を択一で問うかどうかの違いがあるだけである。では、最短の時間と最小の費用でこれらの能力を磨くにはどうしたらいいのか。

私の実感はこうである。時間は常に重要である。費用は勉強の進み具合による。

時間は、物理的に一日二十四時間の上限がある。お金は、費用対効果の制約を受ける。お金も大事である。それは、特に初学者の段階で言える。なぜなら、何も分からないうちに講座・答練を申し込んでも、結局、消化しきれず、勉強が進んで消化するころには陳腐化しているからである。

ただし、「基礎講座」プラス「デバイス」での学習と、過去問検討の終わった段階、つまり「勉強の進んだ」段階以降は、費用をケチるべきではない。なぜなら、司法試験は情報戦だからである。「情報」が、勉強の手間を格段に軽減するし、今年には今年の合格「情報」がある。勝つためにはアップデートが欠かせない。だから、勝負をかける年の直前期には、予備校に出かけ、「講座」の情報をあさり、自分の合格に必要と判断したら全てカセット付きで申し込むと良い。勉強が進んでいれば、一回聴くだけでも格段の実力向上が望める。「テキスト」も年を追うごとにどんどんいい物が出ている。自分でカードを作ったり、ノートにまとめたりするより、そのまま乗っかる方が早い。だから、マメにWセミナーの購買部に行くといい。逆に、直前期に、それだけの余裕を作るためにやるべきことはやっておく。すなわち、「司法試験に出る知識」をしっかりと「基礎講座」で固め、「択一答練」で「知識」をはき出す訓練を、「論文答練」で「知識」を使いこなす「思考」の訓練を積んでおくべきである。

これらの努力が、結局、合格までの限られた時間と費用を最大限活用することにつながる。トータルで戦略的に物事を見ないとダメだ。

限られた時間・費用を活用する場合の判断基準は、「今の自分にとって、最終合格に必要かどうか」「点数を上げてくれるかどうか」なのである。一生の買物なのである。単純に時間数や値札だけで判断すべきではない。

・時間活用術

私は、時間活用術には徹底的にこだわった。一言で言えば、必要な勉強項目をすべて洗い出し、頭を使うレベルをA、B、Cの三段階に分け、ふさわしい時間帯に割り振った。

最も頭を使う勉強を、最も頭の働く時間帯にぶつけた。その反面、頭のあまり働かない時間帯でも、必ず低レベルの勉強項目をあてがった。その結果、ムダな時間を追放することができた。のみならず、同じ知識を時間差で繰り返し繰り返し反復学習する結果となり記憶効率が一気に高まった。

そういえば、人間の記憶したことは、時が経つにつれて失われていく。この忘れるスピードをグラフ化したものが「忘却曲線」であるが、知識反復のサイクルを短くすればするほど、「忘却曲線」は緩やかになり、ついには忘れなくなると言う。毎日乗っている電車の停車駅を何となく覚えてしまうのと一緒である。それだけ脳が刺激され、優先度の高い、重要な情報として把握してくれるのだろう。これを司法試験でも徹底するのである。

例えば、家で、頭のはっきりした時間帯には机に向かって「デバイス」を読んで、理解したりまとめたりする。就寝前や起床直後のボーっとした時間帯には「条文」のテープを聴く。そして、通勤通学の途中で、「デバイス」を解説する「基礎講座」のテープを聴いているとしよう。毎日、ノルマを決めて、同時並行的に行えば、単に「デバイス」を読むだけの場合より、同じ条文の知識に出くわすサイクルは二分の一から三分の一になる。いや、テープの方が早いから、そのスピード次第でさらに短期化する。

これを、すべての科目で徹底するのである。いくつかのモデルで具体例を示したい。

〈会社のサラリーマン・一年目の場合〉

「基礎講座」を週一回、土曜か日曜に受講し、ペースメーカーにしよう。それ自体が最高の時間活用術になる。

そして、さらに、平日の勉強時間を工夫して効率をアップしよう。

机に向かえる時間が少しでもできたら、その時間はまさに「トラの子」である。そういう時間にしかできない勉強、先の「最新短期合格法」では、「基礎講座」の授業の復習や、「デバイス」への書き込み、「論文過去問」の答案の作成にあてるべきだ（ランクA）。

「論文過去問」は、こなしきれなければ二年目にまわしてもいい。

そして電車の中や「基礎講座」の休み時間は、「成川式・択一六法」を軽く読むか、前の授業のテープを聴く（ランクB）。

最後に、最寄り駅までの歩きや就寝前は、「条文」のテープだと思う（ランクC）。

私が、「基礎講座・羽広クラス」を受講した時期の時間配分である。ただ、「成川式・択一六法」は、出版前だったので、代わりに授業でやった範囲の「択一過去問集」を解いたりしていた。これで、効率的に「司法試験に出る知識」を網羅できる。

〈会社のサラリーマン・二年目以降の場合、択一本試験まで〉

「答練」を受講し、「司法試験に出る知識」を得点に結び付けよう。できれば、「択一答練」「論文答練」を、週一回ずつ、土日に受けて、ペースメーカーにすると良い。一つに絞るとすれば、「択一答練」だけは、実際に会場で受け、「論文答練」はレジュメだけもらって、後は自習室で「問題文」と「参考答案」だけサッと読んでおく。「基礎講座」ズバリか、その延長線上にあるものだと気づくはずである。「択一答練」「論文答練」自体が次回の本試験の予想問題を兼ねているから、この土日の使い方で一気に合格に接近する。

そして、平日は「答練」の予習にあてよう。

机に向かえる時間は、「択一答練」の範囲の「成川式・択一六法」を徹底的に読む（ランクA）。範囲指定がなければ三週間で一回しするくらいのペース。

そして電車の中は、「論文答練」の範囲の「基礎講座」のテープを聴く（ランクB）。

最後に、最寄り駅までの歩きや就寝前は、「条文」のテープだと思う（ランクC）。

〈会社のサラリーマン・論文直前期〉

「論文予想答練」を受講しよう。これは、平日も含めて毎日やっているから、すべて通うのは無理だろう。したがって、普段の論文答練と同じく、土日に予備校に来てレジュメだけもらう。

そして、土日の自習室と、平日の机に向かえる時間は今まで受けた「論文予想答練」

と「論文答練」の「問題文」と「参考答案」を読み込む（ランクA）。

そして電車の中は、「基礎講座」のテープを聴く（ランクB）。

私が、「基礎講座・羽広クラス」を受講した後、仮に会社を辞めなければ確実に採ったであろう時間配分である。

・人間の時間と労力には限界があることがすべての出発点

人間の割ける時間と労力には限界があることが、私なりの「成功の法則」の出発点である。私は、①適性、②興味・関心、③時代の流れへの合致の三要素が必要であると述べたが、①②は、まさに、そういった意味で「己の限界」を知れということなのである。また、③のように、世の流れをつかむ嗅覚も必要である。ひとりよがりを防ぐ必要があるからである。これだけは、研ぎ澄まされた「本音ベース」の目で何が見えたかを第一の判断基準にしなければならない。

とりわけ、最重要なのは、「勝算」、つまり、①適性である。「勝算」は、客観的な裏付け、できれば、適性を数字で証明するものが必要である。「営業」なら「収益」、「資格試験」なら「答練」や「本試験」の「成績」である。それと、③時代の流れである。自分の努力が世のニーズに合っていることが確信できなければならない。その二つがあれば、後はしたたかに水面下で努力することだ。そして、「勝算」が出てきたらカードを切るべきだ。

ただ、世の中はせち辛い。特に、大企業のサラリーマンをやっていて、人と違った人生を追求すればするほど周囲は良く思うとはかぎらない。むしろ、抵抗や妨害、冷笑があって当然なのである。しかし、一度きりしかない人生である。自分が正しいと思ったら、表には出さず、陰でひたむきに努力する。寡黙であればあるほど「結果」を出すことにエネルギーが集中される。ここで、言っておくが「司法試験」をやっていることは、会社にはわからないようにした方がいい。休日の予備校通いも言わない方がいい。忠誠心や広義の職務専念義務に違反したとされ、最も分かりやすいリストラの標的になるからである。ここは、本当に用心深くした方がいい。

私は、巨人ファンで、食べ歩きも好きである。だから、休日には、東京ドームの巨人戦を観戦し、帰り道に水道橋の焼き肉屋で食事するのが、唯一の楽しみということにしておいた。実際に、そうしたこともあるし、私の生まれ育った街だから、何を聞かれても大丈夫である。そして、平日は「新婚の奥さん孝行」を口実に、早帰りしたこともある。ただ、業務に支障を来したり、あやしまれたりしないよう、水、金の週二回程度にとどめた。これだけでも大きい。また、社内食堂でも、一人で食事はしないようにした。浮き上がって、突っ込まれるようなスキは与えたくなかったのである。「俺は違うんだ」という独特のオーラを漂わせてはいけない。あくまで善隣友好でなければならない。

〈二〉「決め時」でいかに実力を発揮するか

・はじめに

「決め時」でいかに「最高の力」を引き出すか。「司法試験」の世界では、「本試験」会場で平素から養ってきた「得点力」をいかに爆発させるか。これがテーマである。

私は、ズバリ、「司法試験合格」という「結果」を出すため、「プロ」の「仕事」と考えるべきだと思う。それを、技術面、精神面で徹底させ、即、実行に移すことだ。

・技術面

技術面では、まず、本試験の「日時」と「場所」を想定して、徹底的なシミュレーションを繰り返すことだ。自分の集中力、ひいては、得点力を減らす要因はすべて排除する。

問題毎の個別具体的な「受かり易い」解答方法等については予備校に行けば分かる。

ここで扱うのは、それ以外のことである。細かいことに思いっきりこだわった。案外大事なことである。

一　試験会場について

例えば、私は、人混みのあるところがあまり好きではない。普段の「答練」でもラッシュアワーの「新宿」をくぐりぬけた後の成績は良くなかったし、特に、択一答練のでき栄えにダイレクトに反映した。本来は、慣れる訓練が最も大事だが、結果を出すのが仕事であり精神修養が仕事ではない。よって、「新宿」や「渋谷」等のターミナルでの乗り換えがなく、本試験当日は、なるべく人が少ない、ガラガラのルートを選択して実行した。択一は日曜日、論文は海の日をはさむ休日だから、その時、空いて静かなルートである。私は、択一の場合、実家のある横浜市から東急線に乗り、そのまま直通の地下鉄に乗り入れる。都心の「永田町」で「南北線」に乗り換え「後楽園」下車、「中央大学理工学部」の試験会場が最適だった。よって、願書を出す時期も、ワザとその順番にあたるように試みた。また、論文の場合、試験会場は早稲田大学と決まっていたので、同じく東急線から直通の地下鉄で「九段下」下車、東西線で「早稲田」駅下車のルートが最適だった。これらを忠実に実行した。

二　択一用のコンディション調整について

それと、食事や水分補給のタイミング等、本試験会場で頭が働くことを最優先に考えた。これは択一・論文別に違う。

択一の場合、何万人という受験者が殺到する。また、試験の性質からいって論文以上の超短期決戦で、集中力も二倍いる。しかも、ためこんだ知識を一気にはき出す性質を持っており、机に座った瞬間、すなわち、今まで蓄積された準備で大方の勝負がついている。

だとすれば、試験会場の教室に入るまでが勝負と考えた。気を散らしちゃダメだ。そこで、十時ころ、朝昼兼用の軽い食事をし、そこで水分を十分に補給しておいた。温かい紅茶だったと思う。十一時に横浜の実家を出発し、途中のキヨスクでビタミンC入りの飲み物を飲んだ。そして、試験会場の最寄りの「後楽園前」駅のトイレで用を済ませ、十二時過ぎには教室前に到着、後は一切補給しなかった。その代わり真夏用の服で出発し、試験会場の教室前に直行して、水分を消耗しないようにした。五月の気候を考えると水分的にはこれが最適の取り合わせだと思う。食事的にも、試験開始時刻の一時三十分、中盤の勝負時である三時ごろは四、五時間後の一番頭が働くタイミングだし、空腹を感じ出す直前の五時にはもう試験終了である。

また、短期集中力が第一の試験なので睡眠にはこだわった。前日には、眠れないことを見越して、昼過ぎから条文のテープを耳で聴きながらベッドに寝そべり、力を温存した。はたして、あまり眠れなかったが、試験は午後である。十時に起きれば足りる。睡眠の質の不足を量で補い、そのまま試験会場になだれこむ。事前の準備で大方の勝負がついているので、疲労を最低限に押さえ、静かで落ち着いた最短のルートで到着して戦えば、どうせ三時間三十分で終了する試験だ。最後は短期決戦独特の気合い、勢いプラス緊張が加わり、熟睡できなかったことは、実は、ハンディにならない。ちゃんと平素から準備すれば答練でも合格推定点には乗る。

実は、これと全く同じ生活を、週一回、実家から本試験会場までのルートの途中にあるWセミナー「渋谷校」の「択一答練」で試していた。徹底的なシミュレーションを繰り返し、最適の食事・水分量、摂取のタイミング、出発時刻と到着時刻との関係を割り出した結果を本試験当日に実行したにすぎない。

特に、二連敗を喫していた択一対策では、「点数」に徹底的にこだわった。そこで「本試験」のつもりで準備し、自信につなげた。

択一の場合、憲民刑の「知識・理解」を固めたらもう、七、八割の勝負はついている。後は、それを得点に結び付け、順当に勝ちにいく訓練を繰り返すだけだ。

繰り返し言うが、択一試験は、時間との戦いに尽き、時間配分のテクニックがモノを言う。最悪なのは、時間をかけた問題で間違え、普通に時間があれば確実に正解が得られる問題も落としてしまうといった失敗だが、いくらでも起こりうる。同じ実力でも五、六点の差が付く。これだけは家で独習はできない。答練で繰り返し訓練するしかない。

それから、一回一回の答練は、「本試験」だと思えば、その予習としてのインプットも、一週間という短期間ながら密度の濃いものになる。インプットが自分なりに完璧と思えなければ、アウトプットの訓練にもならない。逆に、インプットに自信が付けば、「本試験」勘も急速に付いてくる。

例えば、もともと、全体の正答率も低く、時間をかけてもしようがない結果に終わった問題があるとする。インプットが完璧であれば、「自分は受験生活の中で、これだけやっている。自分なりに考えて解答し、それでも間違えたら間違えたで、その時はその時だ。さっさと次の問題に行こう。試験で問われる範囲は満遍なく勉強しているから、次はきっと正解できる」という正しい判断ができる。この「時間をかけない」という判断は運が良かったというより、平素のインプットから来る自信がもたらしたものである。

また、科目の特性に合わせた時間配分を心掛けた。論文のように一科目ごとに休憩なんか入れてくれない。憲民刑各科目の特徴に合わせた時間配分が必要だ。

まず、民法については、基本的に、条文・判例の知識の正誤を発見し、組み合わせで答えるタイプの問題が主体なので、短時間でサッサと答えて時間を稼ぐ必要がある。目安としては五十分くらいだと思う。ただ、ここはこれから、多少時間がかかる問題をちりばめ撹乱してくるかもしれない。これは、後に述べる。

次に、刑法については、論点ごとの学説・判例の立場、その根拠・批判、事例へのあてはめ等、単純知識では太刀打ちできないような深い理解が問われる。具体的には、学説の特定、事例へのあてはめ、穴埋め・並べ換え等の作業を行った上、個数で答えさせるといった複雑な事務処理問題や個数問題が主体であり、結果を出すためにはどうしても時間がかかる。安易なテクニックに走って無理に時間短縮を図るのは逆効果であり、ここは目安として九十分欲しいところだ。

最後に、憲法については、民法と刑法の中間的な特徴を備えている。知識問題ではあまり時間をかけず、その分、刑法的な問題に十分な時間を割くことにした。ただ、刑法ほど、理論的な複雑さはないので、普通に時間を取れば十分正解できる。だからこそ時間不足のまま放置したら、本当にもったいない。ここは七十分欲しいところだ。

三　論文用のコンディション調整について

これに対して、論文の場合、東京の受験会場である早稲田大学には三千人程度の受験者が広いキャンパスに散らばるはずだ。しかも、朝の九時から夕方の五時まで、途中の休憩を挟んで二時間×三科目の試験を二日間にわたって行う。一時間一題のペースで検討するので、択一程の超短期決戦ではないし、一科目ごとの仕切り直しが可能である。特に、択一との大きな違いは、ためこんだ知識を一気にはき出すのではなく、むしろ知識をもとにいかに落ち着いて問題文を読み、考え、納得のいく解答を展開できるかどうかが勝負なのである。換言すれば、机に座った瞬間、すなわち、今まで蓄積された準備よりも、むしろ、試験会場の現場での判断で勝負がつく。「思考七割」の根拠はここにある。それに、真夏のまっさかりに試験を行う。試験の最中は、クーラーが入るが、試験開始前と科目の間の休み時間は、クーラーの効かない教室外に追いやられ、汗がダラダラ出る。それから、一日がかりなので途中で食事が必要である。択一に比べ、時間に追い立てられることがない反面、厳しい持久戦であり、当日の頭の働きが勝負である。真夏で消耗しやすいことも考えれば、択一のように「前日」になってからのコンディション調整では甘い。私は、七月に入ってからは、こんをつめてガリガリ論証を暗記するような勉強を止め、最低限の「重要条文、定義、趣旨、判例の簡潔な判旨と根拠」だけをまとめた資料を直前期の「講座」で入手した。「デバイス」でも、そういうコアの部分だけ確実に押さえるようにした。あとは「基礎講座」のテープをひたすら流して聴いていた。全体にサッと確認する程度にとどめ、そのあとは十分睡眠と休養をとったのである。

とにかく、当日勝負である。休み時間も最後の調整としてムダにはできない。現に、最後の訴訟法は、試験開始直前のギリギリまで粘って調整にあて命拾いした。教室外の廊下に座り込み、最低限の「重要条文、定義、趣旨、判例の簡潔な判旨と根拠」だけをまとめた資料片手に、ひたすら補給した。用意したものは、氷で冷やした麦茶と梅干しの入った小さなおにぎり五個である。この組み合わせで異様に元気が出た。

それから、トイレはあまり神経質にならなくてもいいと思う。ものすごい勢いで汗になってしまうし、人数の割に十分な設備があるからである。気になったら、試験終了後にサッサと並ぶことだ。

四　したたかに相手の出方を読むべし

それから、択一・論文を問わず、対戦相手である「本試験」の「出題者」の気持ちになってものを考え、相手がどう出てくるかに神経を集中した。直前期に、「ガイダンス」ややヤマ張りの「講座」、「予想答練」を取るのも、その一環であり、もちろん、それも確実に押さえた。が、その上で、自分オリジナルの「シミュレーション」や「読み」ができるよう、神経を研ぎ澄ましたのである。毎年、どこかで、意表をつく攻め方をしてくる。何が起こるか分からない要素もある。だから、直前期から試験当日にかけては、そういったことに神経を集中できるよう環境を整備する。目安としては、択一の場合は四月に入ってから、論文の場合は七月に入ってからが目安である。だからこそ、平素から、「基礎講座」プラス「デバイス」プラス「成川式・択一六法」を基に、「司法試験に出る知識」を固め、「答練」で知識の使い方を訓練しておくべきである。そうやって、コアの部分が固まっていれば、直前期に十分な情報収集や先読みができるのである。逆に、それまでの間にコアの部分は完璧にしておく必要がある。さもなければ、この情報戦には勝てない。

私は、色々な危機のパターンを独自に想定し、それに対する対処の方策を考えた。当たったものもあれば外れたものもある。最終合格した年、二〇〇一（平成十三）年の択一民法の難化は予想通りだった。相手の立場で、何か変化を付けるとすれば、それしか考えられなかったのである。前日は眠れない分、開き直って、そういうことばかり一生懸命考えていた。民法は、多少時間がかかってもビビらない。信じた通りに解答し、六十分を上限にして、サッサと刑法や憲法に進み、十分な時間をかけ完璧を期そう。そういう作戦で臨み、そのとおり実行した。その時間配分は正解であり、択一初合格を果たした。

・精神面

「気迫」に勝るものはない。「気迫」を支えるのは、「何のために自分は法曹の道に進むのか」「合格したら何をやりたいのか」という「理念」や「志」である。私にもそういうものはもちろんある。法学部に進んだのも、もともとはそのためであった。さもないと厳しい戦いは勝ち抜けない。

また、そもそも、このせち辛い世の中で「司法試験」を目指せる立場にいること自体、感謝せねばならない。そういうメンタリティーの方が受かりやすいと思う。

たしかに、司法試験は難関である。数字的には三％である。何度も不本意な結果に終わり精神的にめいる人も当然出る。一生懸命やっているのだし、私自身も失敗が多かったので気持ちはよく分かる。

しかし、世の中で難関はそれだけだろうか。例えば、企業への就職一つにしたって、同じような倍率じゃないか。しかも、出身校やコネ重視のところがあるし、面接担当者の好き嫌いも反映される。そんな光景を、自分はいっぱい見てきた。変な参入障壁がある分、かえって「難関」である。たとえ、企業に入社できても、こんどは上司や先輩社員との相性があるし、上司になったらなったで部下の不始末の責任を取らされる。それがイヤなら、問題社員を異動させる算段まで、いちいち考えなければならないし、働く社員を他部署から引っ張ってくるまでの時間がかかる。結果を出す環境を自由に設計することは、「司法試験」のようにはいかない。自分でこれが正しいやり方だと分かっていても、今度はそれを社内的に説得していかなければならない。加えて、これからは、一つの企業に安定して勤められるとは限らない。ひょっとしたら、五年、十年単位で、転職を余儀なくされることだってあり、常に勉強して能力を磨いておかないとやっていけないかもしれないのである。「司法試験」への対案として、「企業への就職」を考える人がいたらこのことは心して欲しい。一つの企業への入社は安定を意味しないし、むしろ、実力以外の判断要素も加わるから、その中で「結果」を出していかなければならない。そちらの方がかえって「難関」なのである。

一方、司法試験の勉強もたしかに生易しくはないが、企業に生きるビジネスマンの厳しさに比べればまだ甘い。自分も会社勤めのかたわら、毎日、夜中の二時ころまで勉強したが、不思議と苦痛は感じずかえって楽しかった。現役のサラリーマンの方なら分かると思うが、上司も部下もお互いに選べないのである。結果を出す環境を自由に設計して工夫することができる。そうした「努力」ができるだけでも、まれに見る有り難いことなのである。

そして、自分で「努力」すればしただけ、その「生」の実力がダイレクトに評価される世界は、世の中では実際に少ない。そういう世界の一つとして脱サラ自営業の道もあるが、簡単に人はノウハウなんて教えてくれない。自分で盗み取るくらいにつかんでいかなければダメだ。それにひきかえ「司法試験」の世界は、その正誤は別としてノウハウ提供者はヤマほどいる。いつ、どの講座を取り、どのテキストで、どういう勉強をしたらいいのか、最近は、ほとんど、「手取り、足取り」レベルまで教えてくれる。予備校に出かけていけば、これでもかと言わんばかりに、いい講座の広告、ポスター、パンフがあるし、購買部をのぞけば、売れ筋の物がわかるようにテキストが配置されている。試験会場でも、公正さを担保し、納得のいく実力発揮ができるよう、法務省の職員の方々が非常に気を遣っていた。まことに頭が下がる思いであった。

こう考えれば、世の中はどの道も「難関」であり、その中で「司法試験」がいちばん「結果」を出しやすい世界のひとつなのである。

あとは、この道を選んだことが「正解」であったと証明するだけだ。これで、精神面は合格である。技術面さえ、したたかに磨けば、結果に大きく接近するはずだ。

〈三〉家族の理解・協力をいかに得るか

「司法試験受験」とは家族にとっても戦いである。ここを勝ち抜くには、その理解と協力を得ることが必要である。

私の場合、その点、やりたい放題やらせてもらい、その点で全面的な協力を得た。では、一般的には、どうすればいいのか。

① まず、やはり、「理念」である。「何のために法曹を目指すのか」という部分である。この点についての理解を得るのが第一である。何のための戦いなのかという部分を理解してもらう必要がある。

私の場合、サラリーマン人生は、挫折と失敗の連続だった。が、別に、本心は平気だった。はっきり言って、その程度の認識だったのかもしれない。これに対して「司法試験」受験は、いったん、あきらめた志を実現するための戦いであった。また、これからの厳しい時代に、自分の人生を自分でコントロールできる地位を獲得し、自分の家族の安全を守るための戦いでもある。自分を大学まで出してくれた祖父や父の思いを継承するための戦いでもある。合格はその第一歩である。

そういったものを、トータルで理解してもらえることが大事である。

② それから、「司法試験」というものを知っている伴侶であると助けになる。具体的にどういう種類の試験があり、受験生は、皆、どういうところで、どういう勉強をし、どのように受かっていくのか。ある程度知っている人なら助けになる。

私の場合、妻の友人が、司法試験受験生と学生時代から付き合っており、最終合格して結婚した。この妻のもたらした勉強方法に関する情報が、特に、論文一発合格への重要なヒントとなった。私も、彼と同じ法学部の出身なので、何気ない一言だけでも十分な情報だったのである。私の父親の代から世話になっている弁護士の先生にも、論文合格のコツを教わったが、その情報とも一致しており精度が高いものだったと思う。

③ 次に、「司法試験合格」の「勝算」について、基本的な信頼を得ること、逐一状況を知らせ、安心感を与えることも大事である。具体的、客観的な「数字」、すなわち、答練や本試験での「成績」を見せるのが、最も説得力があると思う。これ自体も強力なモチベーションとなる。

私は、この戦いに最後は必ず勝利できると確信していた。それを、妻をはじめとする家族にも、具体的な材料を挙げて伝え、一年でも早く決着させなければならない。会社を辞める時の親族全会一致の賛成は、具体的客観的根拠があってのものである。私は、これに加えプラン作成はもちろん、勉強開始後も今、どのような勉強をしているのか、できるだけ詳細に分かるようにして率直な意見を求めた。

「こういう勉強をしてきたから、このように答練の成績が伸びてきた。だが、こういう点が課題であり、そこを改善すればもっと良くなる」とか、逐一、状況を報告した。

そして、択一本試験の二連敗後も、原因を即、分析し、「ここを改善すれば、今度は合格する」と話し、それもすぐ「答練」や「本試験」の結果に反映させた。

こういうクセをつけること自体、家族を安心させることができると同時に、自己分析の精度も上がり、改善のヒントを得やすくなったと思う。

妻は、私を元気にすること以外は何も言わなかった。何を言っても「全面的に信頼している」とのこと。これが、自分にとって、最高のモチベーションとなった。

最終合格は、妻に真っ先に知らせた。電話口の向こうは、本当に嬉しそうだった。「四十であきらめた奴がいるんだよ。奥さんを不幸にするよ」会社を辞める時の上司の言葉を思い出し、スカッとした。

これから踏み出す法曹の世界とは、いかなるものか……。今度こそ、本物のプロになろうと気を引き締めた。

平成十三年十一月九日（金）、雨がザンザン降っていたが、街の景色が違って見えた。

以上、これが私の合格体験記である。東大—銀行員—司法試験合格という表面上のことだけではわからない、色々な葛藤があった。

しかし、不屈の信念で戦ってきた、私のこれまでの体験が、少しでも多くの方のため、お役にたてれば幸いである。

あとがき

司法試験が「団体戦」だという展開には違和感がありましたか。それとも、共感できましたか。私自身はもちろん「共感」派なのですが、「違和感」派の気持ちもわからないではありません。実際、司法試験の受験は孤独であり、自分自身を極限までいじめ抜くことができた者が勝つという印象は否定できないからです。その意味では、司法試験は極めて「個人戦」の世界です。

しかし、そのような「個人戦」に勝利すれば司法試験の勝者なのかというのが私の問題提起なのです。

「違和感」派の違和感の原因は、家族など受験生のまわりにいる人が心配やサポートはしていても、試験という怪物と戦っているのは受験生ひとりという印象があるからだと思います。つまり、家族の命運は、ひとえに受験生の「個人戦」の勝敗にかかっているということです。でも、家族だって戦っているのです。ただ、その戦いの相手は試験ではありません。収入がないことによる経済的苦労、周囲の人の何げない言葉、自分自身の中にある先行きの見えない不安、こういったものと日々戦っているのです。そして、このような相手と戦っているということを受験生本人に告げるかどうかも家族にとって心の中の葛藤でしょう。

この事実に気づいたとき、私は司法試験は「団体戦」だと確信したのです。もっとも、「個人戦」に勝てば、「団体戦」の勝利は自然と飛び込んでくることが多いでしょう。ただ、「個人戦」の決着がつく前に「団体戦」の負けが決まってしまうというおそろしい事態も考えられないではありません。

ところで、「団体戦」では喜びが倍加する反面、苦しみは半減するなどと言われることがあります。しかし、「苦しみの半減」については「?」です。私の場合、論文落ちから論文合格までの丸一年間が一番つらい時期だったのですが、正直なところ、妻がいなかったらもっと楽なのに、と感じたことは一度ではありません(もっとも、このつらさから解放されたいという気持ちが勉強の原動力だったのかもしれませんが)。一方、「喜びの倍加」は実体験することができました。発表会場から電話をかけて、論文合格を知らせたときの妻の声、それに、その夜ふたりとも眠れなかったことは、これからも忘れられない人生のひとコマになるでしょう。私の喜びを自分の喜びとしている妻がいて、その妻の喜びを自分の喜びとしている私がいる、受験してよかったと初めて思えた瞬間でした。

このように、喜びも倍、苦しみも倍、これが司法試験です。こんな司法試験にみなさんはエントリーしますか。

平成十四年三月

福田直邦

●著者プロフィール●

福田直邦（ふくだ　なおくに）

1988年東京大学法学部卒。大学卒業後、大手損害保険会社に就職するが、自分自身の将来に不安を感じ、司法試験に挑戦。Wセミナー「基礎講座」通信を受講して、「仕事」と「父親」と「受験生」の一人三役をこなす。その後、いずれ自分は法曹として身をたてるという強い決意で、会社を退職し、「父親」と「受験」に専念。2001年11月最終合格。

堤　博之（つつみ　ひろゆき）

1989年東京大学法学部卒。大学卒業後、銀行マンに。8年間の会社勤めの経験から、人に負けない何かを持とうと決意し司法試験に挑戦。妻の協力を得て、平日は会社勤務、週末にはWセミナーで「基礎講座」を受講。仕事と勉強の両立の生活を送るが、その後、会社が倒産。逆境をプラス思考で乗り切り、これまでの貯えと失業手当を頼りに勉強に専念。2001年11月最終合格。

サラリーマンが弁護士を目指した理由《わけ》

2002年4月15日　初版第1刷発行

著　者　福田直邦・堤　博之

発行者　広庭　真

発行所　株式会社　早稲田経営出版

〒169-0075　東京都新宿区高田馬場2-14-19

Tel.　03(3208)8232（営業）

03(3208)8264（編集）

印刷・製本　株式会社サンエー印刷

ISBN4-8471-0735-7